UN TOCARD
SUR LE TOIT DU MONDE

Journal de guerre d'un pacifiste, Éditions CFD, 2005.
Lettre ouverte à un fils d'immigré, Éditions Danger Public, 2007.

www.editions-jclattes.fr

Nadir Dendoune

UN TOCARD SUR LE TOIT DU MONDE

récit

JC Lattès

ISBN : 978-2-7096-3437-3

© 2010, éditions Jean-Claude Lattès.

« Eh bien, nous l'avons eu, ce salaud ! »

Sir Edmund Hillary, le 29 mai 1953,
premier homme au sommet de l'Everest,
quelques instants après son ascension victorieuse.

Une montagne, c'est comme une mère, on lui doit un total respect. La mienne de maman, je l'aime comme s'il n'y avait qu'elle sur la planète qui pouvait recevoir des sentiments. Je l'ai serrée dans mes bras très fort, j'ai eu peur de lui faire mal. Une nouvelle fois, je lui ai dit au revoir, je m'en vais, je reviens dans quelques semaines. Elle a souri : son regard est parti à trois kilomètres. Ma mère est tellement jolie quand elle sourit, on dirait un jardin. J'ai aussi embrassé mon père qui m'a souhaité bon voyage.

— Pourquoi tu pars ? Reste, tu as du travail ici, mon fils.

J'ai gardé le silence. J'aurais pu lui dire Papa, partir m'aide à vivre, mais j'ai préféré me taire. À quoi bon ? J'avais un peu honte de moi. Toujours à penser qu'à ma gueule. Mes parents ne sont plus très jeunes et faut les préserver, surtout leurs cœurs qui sont fragiles en émotions.

— Mon avion s'envole dans trois heures. Je pars faire un trek, une petite marche de quelques semaines et après je rentre.

— Fais attention à toi, a conseillé la daronne.

Ensuite, elle m'a filé un paquet de bonbons, c'est grâce à elle que j'ai les dents tout éclatées. Je suis descendu, l'ascenseur marchait. J'ai regardé dans la cité s'il n'y avait pas une voiture qui traînait et qui pouvait m'emmener à la gare, j'étais chargé comme un Fenwick. À première vue, personne. Maman s'est mise sur son balcon, son beau balcon et ses belles plantes. Elle cachait ses yeux avec ses mains à cause du soleil qui inondait son visage. Je l'ai saluée. Elle a fini par me repérer et j'ai vu sa main s'agiter. J'ai fait le tour des barres HLM : deux jeunes avaient le dos posé sur une voiture, ils attendaient que le temps s'épuise. Je me suis approché d'eux pour leur demander de m'emmener à Saint-Denis, je ne voulais pas traîner ce gros sac seul jusqu'à la gare. Nous sommes partis à toute vitesse. J'ai tourné la tête, les briques rouges s'éloignaient à l'horizon. Deux gamins se chamaillaient : le premier ne voulait pas partager son ballon avec son copain. Sur un banc, en plein milieu de la cité, en face de l'aire de jeux, des mères de famille discutaient entre elles, jetant de temps en temps un regard sur leurs enfants. Tant de souvenirs derrière moi. La cité, mon quartier, je lui disais une nouvelle fois au revoir. Je la quitte souvent, j'y reviens toujours. Comme un aimant. Je l'aime autant que je la déteste. Elle enferme. En même temps, c'est elle qui me pousse à sortir et à devenir fort. L'un des jeunes, celui qui conduisait, m'a sorti de mes pensées, il désirait connaître ma destination finale. J'ai esquivé la réponse. Il n'a pas insisté. Il me connaît trop bien. Moi et mes défis. Il gardait ses mains sur le volant, le regard droit devant, l'air très sérieux. Pour une fois. Lui qui d'habitude se marre tout le temps. Il a levé son regard vers le rétroviseur, nos yeux se sont croisés.

— Nadir, fais attention à toi, il a dit avec émotion.

La lanière de mon sac est restée coincée dans les interstices de la porte qui s'était refermée très vite. Le wagon était à moitié vide. Dehors, le ciel musulman était couvert de son voile nuageux. J'ai collé mes yeux sur la vitre. J'ai pensé à ma vie, au parcours : le sourire et les larmes en simultané. Dehors, la banlieue affichait une mine triste. Sept années après avoir bouclé un tour du monde à vélo, en solo, pour sensibiliser la planète au sida, j'étais de nouveau sur la route pour un nouveau challenge : je voulais gravir la plus haute montagne du monde et être le premier gars des cités à remplir ses poumons avec l'air glacial de l'Everest. Et témoigner. Montrer à la France qu'on peut être né du mauvais côté du périph, dans les HLM du 93, être le fils d'un Algérien illettré et réussir un exploit que bien peu de gens seraient même capables d'envisager. J'ai failli ne jamais partir. Dix jours auparavant, la Chine, en prise avec la rébellion tibétaine, avait décidé de fermer le passage du versant nord. J'avais choisi de gravir l'Everest en passant par le Tibet car cette voie coûtait deux fois moins cher. Il ne me restait plus que la deuxième solution : l'accès par le Népal. Sous la pression du régime communiste, le royaume himalayen hésitait également à donner son aval. Heureusement, le puissant « lobby touristique » avait fini par convaincre les dirigeants d'un des pays les plus pauvres du monde. J'ai donc dû débourser plus de 20 000 euros. J'ai fini par récolter les fonds nécessaires : des amis, sans savoir où j'allais, ont mis la main à la poche et une compagnie financière, CFCI, a été la seule à croire en mon projet. Les autres sponsors ont ri en recevant mon dossier, ils n'ont pas cru une minute à mon histoire : un tocard de banlieue sur le Toit du Monde ! Bref, je suis finalement parti. J'en ai gros sur la patate. Mais je commence à me connaître. J'ai grandi avec la politique de l'échec mais je crois en moi, en mes capacités. Je ne sais pas comment l'expliquer mais je sais que j'y arriverai. Aujourd'hui, le jour de mon départ pour le

Népal, j'ai passé la journée en accéléré. De magasin en magasin, à la recherche des derniers éléments : des chaussures de grimpette, des collants grand froid, des bonnets, des gants. Ma carte bleue m'a insulté. Je l'ai calmée en lui promettant de tout faire pour réussir. À Aulnay-sous-Bois, les portes du train se sont enfin ouvertes, d'autres personnes sont montées. J'ai regardé dehors une nouvelle fois. Les barres HLM avaient disparu, les pavillons sont apparus. Un avion est passé au-dessus de nos têtes. Le prochain arrêt était le terminus. Tout le monde est descendu. J'ai regardé partout si je n'oubliais rien. Mon cœur a commencé à s'emballer quand j'ai vu l'heure. J'ai couru en sortant du RER, je transpirais comme un yak. Je sentais le fauve. Le livre de la jungle. J'ai heurté plusieurs personnes sur mon passage. J'ai dû prendre plusieurs escalators, traversé des tas de corridors. Pardon, pardon, je suis pressé. J'avais tellement peur que l'avion s'envole sans moi.

Les hôtesses de l'air te souriaient comme si tu pouvais attraper au vol leur numéro. Après, quand tu les voyais jouer le même numéro avec tous les bourrins qui voyageaient avec toi en classe éco, tu comprenais qu'elles avaient appris à sourire à l'école de l'avion et que c'était du bidon. J'ai attendu que le type devant moi daigne s'installer, il avait du mal à fourrer son sac dans le coffre du dessus. Derrière, d'autres personnes arrivaient et certains commençaient à se plaindre de l'embouteillage à cause de la patience qui est de plus en plus au chômage. J'ai demandé au gars s'il avait besoin d'un coup de main, il m'a répondu par un silence, j'ai eu envie de lui filer un coup de latte pour son manque de courtoisie. Je pars vite au quart de tour. Sensibilité à fleur de peau. Je l'ai dépassé par la droite en lui lançant un regard à la Clint Eastwood. J'ai mis les écouteurs pour pouvoir mater un film sans déranger les autres et surtout pour ne pas avoir à discuter avec mon voisin, il avait une tête d'emmerdeur. J'ai reculé mon siège pour être moins à l'étroit. Comme c'était la nuit, ils ont éteint la lumière. Ça commençait à ronfler de partout. J'ai pensé aux bruits que faisait mon père quand il dormait. Il réveillait tout le F5. Parfois, je me levais pour le voir partir de la maison pour aller travailler. Il s'en allait à 5 heures du matin. Je me suis dit tout de même que ce papa venu de l'Algérie avec rien dans les paluches, il avait eu un courage d'enfer. Le type assis à côté de moi était de loin le plus bruyant et vous ne pouvez pas savoir combien j'ai eu une envie soudaine de le cogner. J'ai rien dit : j'ai pensé que lui aussi avait peut-être trimé dur toute sa vie et qu'il avait gagné le droit de faire chier son monde. Les odeurs des socquettes de la classe éco remontaient jusqu'à moi, et un bébé n'arrêtait pas de chialer. Je voyais au bout de l'engin la première classe. Une hôtesse, bien plus jolie que les nôtres, servait du champagne et des petits-fours.

L'avion atterrit avec douceur et des applaudissements se font entendre. On est tous encore en vie. C'est le petit matin, une bouffée de chaleur vient m'agresser. Je suis arrivé au Népal, dans ce royaume himalayen coincé entre l'Inde et la Chine. À Katmandu, sa capitale, le thermomètre dépasse déjà les 20 degrés. Deux files d'attente. Les douaniers s'occupent de tamponner les passeports. Celle de gauche est réservée aux bronzés (en fait les locaux), l'autre aux Occidentaux. Dans mes mains, un passeport algérien. J'hésite un instant entre les deux files. Un Américain grand comme une montagne et large comme un cétacé me tourne le dos. Des auréoles se sont formées sous ses aisselles. Il s'avance péniblement vers le guichet. Comment a-t-il pu voyager ainsi sur un seul siège ? Le douanier prend son passeport, regarde sa photo, relève la tête et lui offre son meilleur sourire. Mon tour va venir. Je m'approche timidement, je n'ai pas les pétoches, c'est juste que je ne connais personne dans ce monde qui ne soit anxieux quand il voyage avec un passeport arabe. Derrière moi, une jolie blonde regarde les tampons de ses visas. Sur ma droite, une famille népalaise semble être heureuse de rentrer au bercail. Le douanier tourne plusieurs fois mon passeport, met son doigt sur la photo. Il ressemble à Humphrey Bogart. Je regarde ses yeux, de beaux yeux noirs. L'étonnement se lit sur son visage. Je fais silence. Les Algériens au Népal, ça ne doit pas courir les rues.

J'ai regardé partout. Non, Bikash n'était pas venu me chercher. Je voyais tout autour de moi des tas de gens s'embrasser, il y avait des rires et des larmes, des familles qui se retrouvaient. L'aéroport était minuscule, à peine grand comme un terrain de foot. Je suis allé au bureau de change pour récolter quelques roupies, la monnaie locale. Il n'y avait pas foule devant le guichet. Une brune, une Occidentale, venait de sortir de sa sacoche des euros. Avec tout cet argent, j'ai pensé qu'elle pouvait presque s'acheter une maison à Katmandu. Je suis sorti, le soleil cognait à la verticale. Je me suis retrouvé à l'intérieur d'une bagnole toute déglinguée. Elle servait à conduire les clients au Mustang Hôtel. Depuis longtemps, ce palace hébergeait les groupes qui partaient en expédition. Le type qui conduisait avait de sérieux problèmes de dentition et j'ai remarqué tout de suite qu'il lui manquait un doigt sur sa main droite, la paluche qui lui servait à passer les vitesses. Le chauffeur ne parlait pas anglais, si ce n'est un hello-how are you-goodbye. Une musique locale s'échappait d'un autoradio d'un autre temps. J'ai ouvert les fenêtres pour pouvoir mettre un peu d'air dans ce voyage. Katmandu n'avait pas changé depuis mon dernier séjour en 2001. Toujours aussi bruyant, toujours aussi pollué. Sur le bas-côté de la route, un vieil homme tirait péniblement son chariot de légumes. Nous avons quitté l'axe principal pour nous engouffrer dans de petites ruelles. Quelques hippies traînaient les sandales. Katmandu avait longtemps servi, notamment dans les années 70, de repaire aux fumeurs de drogues douces. Aujourd'hui, la « came » était interdite mais cela n'empêchait pas pour autant les dealers de venir vous en proposer. Nous nous dirigions vers Thamel, le quartier touristique, lieu de rendez-vous des maquisards de la montagne. Ses rues étaient très animées avec son défilement incessant de motos, rickshaws et de vieilles autos. Les maisons étaient en piteux état et les petites boutiques qui donnaient directement sur la rue étaient investies par les touristes. Le chauffeur a pointé du doigt un grand bâtiment, ça ressemblait à un hôtel. À la réception, j'ai reçu une hospitalité digne d'un prince. L'endroit semblait vide. Des employés habillés en blanc attendaient que les clients viennent manger au restaurant. J'ai donné mon nom et mon passeport avec. Le monsieur derrière son comptoir tapotait sur un ordinateur. Il m'a regardé fixement et m'a demandé d'où je venais.

— Je suis algérien, de l'Algérie.

— L'Algérie, c'est où exactement ?

— En Afrique.

— Vous n'êtes pas noir pourtant.

J'ai pris la clef et je suis monté au deuxième étage où se trouvait ma chambre. Un employé tentait de me suivre. Trop rapide pour lui. Ici, comme dans tous les hôtels cinq-étoiles, ça ne se faisait pas de porter seul son bagage.

Comme je n'étais plus très frais, j'ai pensé qu'une bonne douche m'aiderait à me sentir mieux. L'eau coulait comme une radine, l'impression qu'elle sortait du congélateur. Je lui ai donné une seconde chance et j'ai attendu qu'elle se réchauffe. Ma mère dit qu'il faut toujours donner sa chance à l'autre, parce qu'on ne sait jamais et qu'on peut passer à côté de la grande histoire de l'amour. L'eau coulait comme des éclaboussures sur le bitume. J'avais peur. Je n'avais rien commencé mais j'avais la frousse. Je me suis levé pour couper le robinet de la douche et je me suis allongé sur le lit. Je regardais le plafond, il avait la même couleur que les briques de ma barre HLM. C'est quand même dommage d'aller à l'autre bout de la planète et de sans cesse penser à la cité. J'ai crié de rage, je savais que personne ne comprendrait ce que je disais. Je gueulais Merde tu peux pas me lâcher. Ensuite, je suis descendu au lobby de l'hôtel. Le réceptionniste m'a indiqué le chemin pour aller au bureau de Bikash. J'espérais le retrouver sur place. Je marchais doucement, en prenant de larges respirations. Tous les Népalais que je croisais me saluaient en me disant Namaste sir et je faisais de même. Le salut local. Je suis arrivé devant une maisonnette de cinq étages et j'ai reconnu le logo de l'entreprise de mon ami. Des mômes se chamaillaient pour une histoire qui n'en valait sans doute pas la peine. Moi aussi, gamin, je me battais souvent pour des clopinettes. À la cité, la violence s'étalait devant mes yeux alors je mimais. J'ai tourné la tête vers la droite : une jeune femme semblait perturbée. Son corps se reposait avec douleur sur un mur. Une affaire avec l'amour, sans doute. J'ai mis ma main sur mon cœur. Il avait encore mal. Je pensais encore trop souvent à elle : à cette fille qui m'avait blessé, cette histoire pas tout à fait finie, un goût d'inachevé. J'ai frappé fort dans la porte et comme il n'y a pas eu de réponse, je suis entré.

La pièce était remplie de bonshommes aux mines très bronzées, sans doute des alpinistes. On parlait dans tous les sens, des paroles entrecoupées de fous rires. Je me suis approché avec assurance. J'ai demandé au premier venu si je pouvais parler avec M. Koirala. Un type, de petite taille, qui devait peser à peine cinquante kilos, a hésité avant de me répondre : j'avais une sale gueule, la tronche du type qui a passé une demi-journée dans un Boeing.

— Lequel des Koirala ? a-t-il fini par demander.

— Je veux parler au plus important d'entre eux.

Il m'a désigné un gars, à peine la trentaine, un bel homme, téléphone dernier cri dans la main droite. J'ai attendu qu'il finisse sa conversation pour pouvoir l'interrompre. Il a pris ma main avec un geste de fraternité, son frangin lui avait souvent parlé de moi, j'étais quelqu'un de bien.

— Au fait, où est mon frère ? il a dit. Je l'ai vu aller à l'aéroport pour te récupérer.

— On a dû se louper, j'ai répondu, je suis venu tout seul, j'ai ma chambre au Mustang.

Son téléphone mobile a fait un drôle de bruit. Bikash appelait du parking de l'aéroport. Je n'ai pas compris ce que les frangins étaient en train de se raconter, c'était du népalais pure souche. J'ai prêté l'oreille : les mots Nadir et Bikash revenaient souvent. Nadir et Bikash, une belle histoire d'amitié. Tout avait commencé en 2003. Une journaliste népalaise, que j'avais rencontrée lors de mon tour du monde à vélo, m'avait envoyé un email pour me demander si je pouvais héberger un de ses amis : il venait à Paris, elle s'inquiétait pour son pedigree de métèque. Bikash était arrivé avec une petite valisette noire, les traits fatigués. La scène m'avait beaucoup touché. J'avais imaginé mon père à son arrivée en France en 1950, ne parlant pas un mot français, ne sachant pas trop où aller, le courage chevillé au corps, avec l'espoir d'une vie meilleure. Pour aller chercher Bikash à l'aéroport, j'avais emprunté la Renault 5 rouge de mon cousin. J'avais dégagé la banquette arrière pour avoir plus de coffre. Au début, le silence était maître à bord. La situation n'était pas très confortable pour tous les deux alors j'avais commencé à parler de choses insignifiantes. Finalement je suis comme beaucoup de gens, j'ai souvent un problème avec la communication, enfin, je veux dire, parfois j'ai du mal à être moi-même en face de l'autre. Bikash me répondait par courtoisie. On est passé devant les 4 000 de la Courneuve, il a tourné la tête pour regarder ces logements.

— C'est un endroit très connu en France, j'ai expliqué, mais ce n'est pas inscrit dans les guides touristiques.

— Pourquoi ? a-t-il demandé.

C'était trop long à expliquer, j'ai juste haussé les épaules. La nuit et le froid étaient tous les deux bien installés. Je regardais droit devant moi et par intermittence je jetais un coup d'œil à Bikash. J'aurais pu le lâcher dehors, il se serait parfaitement fondu dans le décor. La couleur de l'homme-local avait tellement changé depuis quelques années. Je me suis garé à l'intérieur de la cité, pour une fois, il restait des places. J'ai dit C'est ici, c'est chez moi, bienvenue à la cité Maurice-Thorez. Pour faire une blague, j'ai dit Nos barres d'immeubles doivent te rappeler tes montagnes. Il a souri pour la politesse. Je crois qu'il n'a pas compris ce que je voulais dire par là.

Bikash est finalement arrivé dans le bureau. Je lui ai sauté au coup. Il a été gêné : on n'était pas tout seuls. J'ai voulu l'embrasser sur les joues, j'étais content de le voir. Il s'est reculé. Il a dû croire que j'avais changé de cible. Il s'est excusé d'avoir mal compris l'heure de mon arrivée. Bikash était à la tête d'une compagnie qui s'occupait de monter des expéditions montagnardes. Il avait commencé tout petit et aujourd'hui sa boîte déchirait sa race. Nous sommes sortis. Dehors, tout le monde le saluait comme s'il était le maire de la ville. Nous nous sommes assis dans un café, il a poussé un ouf de soulagement. Ensuite, il m'a demandé comment j'allais, comment allait L'Île-Saint-Denis, comment allait la famille. Il était content de me voir, ravi que je me sois enfin décidé à venir, à franchir le pas, une bonne décision, il a dit, je ne le regretterais pas. À mon tour, j'ai pris des nouvelles de sa femme et de ses deux fils, le dernier étant en bas âge. Il s'est excusé pour le ministère du Népal, pour la façon qu'il avait eue de nous faire poireauter jusqu'à la dernière minute.

— Ce sont des choses qui arrivent, j'ai répondu.

Après, il y a eu quelques minutes de silence, avant qu'on n'éclate de rire : on a ri en pensant à quelques anecdotes. Nous sommes revenus au bureau, je devais valider mon inscription.

— C'est excitant, tu ne trouves pas ?

Il avait bon dos de dire ça, c'était moi qui partais, pas lui.

J'ai vu Cliff et j'ai tout de suite pensé qu'entre lui et moi, ça serait la misère continue. C'est vrai que parfois les apparences sont trompeuses et que ce n'est pas parce qu'on a été victime de délit de faciès toute sa vie qu'il faut se venger sur les autres. Mais c'est comme ça, les préjugés ça n'a pas de nationalité. J'ai tendu la main, le vieux monsieur est resté assis. Je me suis présenté comme à l'agence d'intérim, avec la même gêne. Cliff était le chef de l'expédition : un type aux cheveux grisonnants, la soixantaine bien conservée. Il portait des lunettes de soleil, on était à l'intérieur d'un restaurant. Je me suis assis. Bikash jonglait avec ses trois téléphones, pas possible d'avoir une conversation avec lui. Cliff, sans même tourner la tête vers moi, a désiré connaître le nom des montagnes que j'avais escaladées. J'ai trouvé qu'il allait vite en besogne et qu'on aurait pu commencer par évoquer la pluie et le printemps. J'ai observé un petit moment de silence, histoire de ne pas dire des conneries. Il ne bougeait pas et regardait droit devant lui. J'ai essayé de me remémorer ce que j'avais pu écrire dans le CV que je lui avais envoyé avant de partir de France. Le visuel Nadir, j'ai pensé. Le voyage m'avait beaucoup fatigué : ça avait des conséquences sur ma mémoire. Merde, ça m'apprendra à ne pas apprendre mes textes. En sixième, au collège, j'étais devenu premier de la classe à cause des déserteurs : les bourgeois avaient foutu le camp dans de meilleurs bahuts en jouant avec la carte scolaire. Mon nouveau statut m'avait fait un peu prendre la grosse tête et je ne voyais pas pourquoi je devais bosser davantage : on ne peut pas être meilleur que premier. Les années passèrent, j'avais pris l'habitude de ne pas en foutre une rame, alors, je préparais des antisèches, toute une technique, incapable d'apprendre un texte par cœur. Je suis quelqu'un de loyal, surtout dans mes vices. Cliff ne bougeait toujours pas, une momie égyptienne. Il fallait que je me lance, pas d'autre choix.

— Le mont Blanc, le Kilimandjaro, celle de l'Afrique (elle me tenait à cœur celle-là, mes parents sont africains). Et d'autres montagnes en Himalaya.

Un CV béton, mes frères. Un as des as. Il a hoché la tête, sans doute agréablement surpris. Juste après, le serveur est arrivé pour prendre les commandes. J'avais faim, très faim.

En septembre, à la rentrée, les profs nous filaient une liste de fournitures scolaires à acheter. Nous étions censés devenir ainsi de bons élèves. Avec maman, j'allais au Monoprix, elle n'aimait pas trop ces moments-là, je la comprenais : ces achats creusaient un gros volcan dans son budget. Au début, ce qui importait à mes yeux d'enfant, c'était de briller devant les autres, je n'oubliais jamais d'acheter un seul élément, je voulais ressembler à tout le monde, ne pas être mis à l'écart. Faire partie du groupe majoritaire. Un jour, une amie de la famille était venue à la maison prendre le thé. Ma mère fait gaffe à la réputation et sort toujours son meilleur service. Je m'étais caché en dessous de la table, j'aimais bien être seul à cause du vrai monde où vivent tous les autres.

Elles parlaient en kabyle, une belle langue, comme une mélodie. Elles aimaient bien se retrouver entre nanas, quand les maris étaient au boulot. Elles ont parlé de l'argent, forcément un souci majeur pour elles, mamans de familles nombreuses. Je trouve et c'est de l'ordre du personnel que les daronnes du bled ont une intelligence du tonnerre. Ces femmes n'ont pas la « science » parce que la vie leur a mis un Stop et qu'elles n'ont pas pu aller à l'école mais elles ont bien mieux : elles ont la conscience. Ma mère a toujours préféré écouter, une bonne confidente. Et puis, elle est très douce, sa peau est très claire, elle a de longs cheveux. Une fois par semaine, elle passe la brosse sur sa tignasse. Je crois que c'est important d'avoir quelqu'un comme ça dans sa vie, son amour et sa tendresse t'enlèvent pas mal de haine, parfois c'est même cela qui te maintient en vie. Pour certains que je connais, ça les empêche même de sortir avec un pistolet et de tirer sur le premier venu. La copine, elle la connaît depuis tellement longtemps que c'est sa meilleure amie. Je la considère comme ma tante, la famille ce n'est pas que le sang. J'étais allongé sur le ventre, et je les écoutais se plaindre du coût exorbitant des fournitures scolaires. Ça m'avait surpris : j'ai toujours cru que maman était riche parce que quand on allait faire des courses, elle avait un billet de cent francs dans le porte-monnaie.

Cliff avait écrit une liste complémentaire. Par rapport à ce que j'avais déjà acheté à Paris, il me manquait au moins la moitié. Le bonhomme a été rassuré quand je lui ai montré ma paire de bottes d'escalade.

— Bon choix, tes chaussures sont top, la godasse c'est sans doute la chose la plus importante dans une ascension, c'est bien Nadear, on voit que tu t'y connais en alpinisme.

J'avais encore besoin de deux sacs de couchage pouvant supporter des températures de moins trente, trois paires de gants, deux paires de lunettes, deux vestes grand-froid, des chaussettes. Bikash a remarqué ma contrariété et a tenté de me rassurer. Mon ami conservait dans une grosse mallette bleue en ferraille des tas de fringues usagées, du bon matos quand même. La mallette bleue, ça m'a réconforté. Mon père en gardait une dans sa cave. Tous les ans, en mai, il la remontait dans l'appartement et avec ma mère, ils la remplissaient d'habits, des fripes qu'ils offraient aux membres de leur famille restés en Algérie. Je suis revenu dans le monde des alpinistes. « On va trouver une solution Nadear, a souri Bikash. Je te donne ma parole. »

J'ai dormi sans dormir, en fermant les yeux mais en gardant l'esprit ouvert. Avant de me coucher, je n'avais toujours pas pris de douche : l'eau faisait trop pitié et je ne voulais pas en rajouter dans sa misère. J'ai pensé toute la nuit. Au passé, jamais au présent, et même pas au futur. Le plafond, vraiment, ne ressemblait à rien. J'étais sur le dos, je ne bougeais pas. J'ai mis ma main droite sur mon cœur pour voir s'il battait toujours en accéléré. La peur ne m'avait pas quitté depuis mon départ de Paris. Ça m'arrivait parfois d'avoir mal au bide, surtout au réveil, souvent sans raisons, juste parce que vivre ça fout la frousse. J'ai regardé l'heure, il était 3 heures du matin, j'ai calculé avec le décalage horaire pour voir s'il était encore possible d'appeler maman. J'ai eu peur de réveiller mon père, ma mère ne saura jamais se servir d'un téléphone portable, elle a soixante-quatorze ans.

J'aurais été obligé d'appeler sur le fixe. C'était encore jouable en vérité. Je me suis ravisé au dernier moment à descendre dans le lobby de l'hôtel. Je savais que je n'aurais pas réussi à cacher ma peur à maman. J'ai sorti un bouquin et j'ai commencé à lire quelques lignes, mais je n'y étais pas. Je me suis levé et je me suis mis à faire des pompes et des abdos. Rien n'y faisait. Assis sur le bord du lit, j'avais les mains sur les yeux. Merde. J'avais peur quand même. Je savais que je ne reculerais pas, quoi qu'il arrive. J'avais peur de moi-même. Peur de ma force et de mon courage. Je me connaissais trop bien. J'ai enlevé toutes mes affaires. J'ai commencé à me toucher délicatement. J'ai craché dans ma main droite et je me suis caressé. Je suis devenu très vite très dur. J'étais bien. Tellement bien que ma peur avait disparu. Ma main descendait de haut et en bas. Ma queue s'est mise au garde-à-vous, je pouvais jouir quand je le désirais. J'ai retiré ma main et j'ai attendu que le sperme redescende, pour faire durer le plaisir. Je me suis caressé de nouveau. J'étais à deux doigts d'envoyer une giclée. Je me suis levé et je me suis approché d'un grand miroir posé à même le sol. Je voyais mon corps athlétique, j'étais dans une forme olympique, ça m'a donné la confiance des grands jours. J'ai frôlé le bout de ma queue avec mes doigts et j'ai fermé les yeux. Je bandais très fort. J'espérais qu'après avoir joui, je pourrais enfin dormir sur mes deux oreilles.

La radio parle politique. Bikash augmente le volume. Le Népal est en train de vivre un moment historique. Cliff, le chef de l'expédition, est assis devant, je suis à l'arrière du 4 × 4. On a décollé de l'hôtel à l'aube, direction l'aéroport. Cliff est arrivé un peu à la bourre, il ne m'a pas salué. J'avais installé mon sac à dos dans le coffre de la bagnole, une belle voiture, vraiment, le symbole de la réussite chez mon ami. Les travailleurs du matin marchent sur le bas-côté de la route, des ombres qui apparaissent et disparaissent. Je vérifie une nouvelle fois que j'ai bien mon passeport. Je pars sur un vol intérieur mais je l'ai amené quand même, j'ai pensé que l'identité c'était trop important chez un homme. Le 4 × 4 file à toute vitesse. La radio bouillonne d'informations. Les élections législatives arrivent à grands pas, le vote est prévu pour la semaine prochaine. C'est la première fois que la population va choisir librement son gouvernement. Le roi actuel, qui avait tué une partie de sa famille en 2001 pour s'emparer du pouvoir, a fini par abdiquer. Les maoïstes, des communistes autrement dit, sont les grands favoris. Cliff ne pipe mot. Ses yeux sont cachés par des lunettes noires. Pas grand monde sur la route. La brume épaisse et l'absence de lumière rendent le paysage macabre. Je regarde par la fenêtre cette ville que je quitte déjà. J'y suis resté seulement deux jours. Quarante-huit heures à cavaler partout pour préparer au mieux ma nouvelle aventure. C'est fou d'être là. Je ne peux plus faire marche arrière. Mon destin.

En 1953, la première ascension victorieuse sur l'Everest avait démarré son long voyage à partir d'un petit village au Népal. Sir Edmund Hillary, un alpiniste néo-zélandais, et son groupe avaient dû marcher pendant plus d'un mois sur les sentiers avant d'atteindre le camp de base. Le petit bimoteur d'une quinzaine de places devait nous poser en quarante-cinq minutes à Lukla, un petit bled perché à 2 800 m où commencent la plupart des expéditions. Soit pour nous trois semaines d'économie de randonnée. Le jet essayait de se frayer un chemin entre les nuages. Le ciel bleu est apparu, tout le monde a changé de mine. De beaux soleils sont venus se graver sur nos visages. Le vol offrait une vue panoramique sur la partie est de l'Himalaya. J'ai demandé à mon voisin le nom des montagnes qu'on arrivait à apercevoir du hublot. Il y en avait de tous les côtés : le Gauri Sankar (7 134 m), le Langtang Lirung (7 246 m), le Menlungtse (7 181 m) et des tas d'autres sommets. Un décor de cinoche tellement tout avait l'air irréel. La cime de l'Everest a fini par sortir d'un nuage. Impressionnant. Vraiment. De haute volée, le toit du monde. À un moment, j'ai cru qu'on allait percuter une montagne, tellement l'avion volait bas. Chacun avait ses yeux collés sur la fenêtre. Les crêtes étaient entièrement recouvertes de neige. Cliff était parti s'installer devant, son corps légèrement penché sur la gauche, sa grosse tignasse grise dépassait du siège. Certains membres du groupe étaient toujours à Katmandu. Ils partaient le lendemain. De mon côté, je faisais le chemin avec Cliff jusqu'au camp de base. La veille, au restaurant, j'avais appris qu'on marcherait tous les deux. Moi, avec le patron. Pour être honnête, ça m'emmerdait un peu de faire la route avec lui. Je ne le connaissais pas vraiment mais je sentais déjà un problème de branchement.

Lukla affichait une altitude de 2 800 m et une attitude nonchalante. Nous sommes sortis de l'avion en quatrième vitesse. De nombreux Népalais avaient les mains accrochées au grillage, dans l'espoir d'obtenir un emploi de porteur ou de cuisinier. Nous nous sommes arrêtés quelques minutes après avoir quitté l'aéroport pour prendre un thé dans une petite pension. Il y en avait des tonnes dans ce village : elles se ressemblaient toutes. La première partie de mon voyage consistait à effectuer un trek, afin de rejoindre le camp de base, situé à 5 300 m. Beaucoup de marcheurs lambda, de tous âges, s'y rendaient également. Les alpinistes, équipés de crampons, de cordes et de mousquetons, continuaient plus haut en direction du sommet de l'Everest. J'en faisais partie. L'élite, mon frère. Cliff venait en Himalaya depuis vingt ans. Tout le monde le connaissait, le saluait. La patronne de l'auberge était très accueillante. Le thé et la pâtisserie nous furent offerts. Être aux petits soins avec Cliff garantissait que le vieux briscard recommande votre hôtel à ses nombreuses connaissances. Nous sommes sortis, le soleil nous accueillait déjà. Notre marche a commencé par une descente vers la vallée de la Dudh Kosi. Au bout de quelques minutes, j'ai eu envie de m'arrêter. La densité de l'air dans l'atmosphère avait diminué terriblement. Katmandu s'élevait à 1 400 m, deux fois moins qu'à Lukla, et j'avais du mal à respirer. J'ai failli demander à mon cœur de ralentir mais un cœur ça n'écoute pas. Quelques degrés aussi en moins par rapport à la capitale népalaise, mais la différence était palpable. Cliff avançait d'un pas lent, je devais rester derrière lui. La règle, les codes de la montagne. À partir du village de Chaunrikarka, où des femmes bavardaient entre elles sur le pas de leur domicile, la route nous emmenait vers le nord à travers les villages sherpa. Les chemins étaient de terre et les cailloux, nombreux, nous appelaient à la plus grande prudence. La verdure était florissante. De larges terrains remplis de fleurs. Sur le côté, s'épanouissaient d'immenses champs de blé, de maïs et de pommes de terre. Il n'était que 8 heures du matin. Je me suis mis à suivre mon compagnon en serrant les dents, je regardais vers le bas en essayant de penser à autre chose, j'espérais que je me sentirais mieux après quelques lacets. Le chemin zigzaguait. La côte n'était pas très pentue. Une montée tout en douceur, comme un faux plat. Sur notre route, des maisons en brique avec des toits pointus. Souvent, en traversant les petits hameaux, des enfants, pieds nus, s'échappaient en nous voyant. À un moment, alors que nous venions de franchir la rivière Dudh Kosi en empruntant un pont suspendu dans les airs, Cliff s'est arrêté. Son front est venu se poser contre un rocher : il n'en pouvait plus. J'ai enlevé mon sac et je me suis assis sous un arbre à la recherche d'un peu d'ombre. La chaleur réussissait quand même à se frayer un passage. J'ai levé la tête : des petits hommes taillés comme des cure-dents, chargés comme des camions trois-tonnes, avançaient comme des Lamborghini. Les sherpas vont vite parce qu'ils transportent pour vivre. J'ai eu mal pour eux. J'ai pensé au RER D à 6 heures, rempli de tous ces travailleurs du matin, pour la plupart des immigrés. La France qui se lève tôt. Un été, alors que j'avais à peine vingt ans, j'avais fini par trouver un boulot de déménageur. J'avais essayé de trouver autre chose. Un boulot moins éreintant. En vain. Pendant un mois, j'avais déchargé des camions où étaient entassées des palettes entières de marchandises. Je m'étais juré que je ne porterais plus jamais quoi que ce soit pour gagner ma vie.

La déshydratation en montagne, faut s'en méfier comme le lait sur la gazinière. Nos gourdes se vidaient à une allure phénoménale. Le soleil assommait tout sur son passage. On devait s'arrêter fréquemment pour bien s'abreuver. Je suivais toujours Cliff pas à pas, les virages se succédaient. Un chemin avait été tracé et chacun l'empruntait. Il y avait sur la route quelques touristes, amoureux de la marche, et beaucoup de porteurs locaux. Ils s'occupaient de ravitailler l'ensemble des villages des alentours. Nous nous trouvions en plein cœur de la vallée. On pouvait voir d'immenses champs de légumes, toujours bien entretenus, éclatants de beauté. Nous remontions le long de la rivière Dudh Kosi en traversant quelques portions raides à l'intérieur de la forêt. Un pont fort instable s'est dressé devant nous : en l'empruntant valait mieux ne pas regarder en bas. Sous nos pieds, le ruisseau laissait un courant filer à toute vitesse. Cliff peinait. Je commençais à trouver mon rythme. On a fait une halte vers

10 heures et on s'est installés sur une terrasse. J'ai voulu la baptiser « la terrasse des Champs-Élysées », tellement ça brillait de partout. Les paysages de rêve inondaient nos regards. Nous étions entourés de montagnes, toutes plus belles les unes que les autres. Plus bas, s'étalaient des prairies vertes, coupées de ruisseaux et hérissées de forêts. Nous avons avalé trois verres de thé. Je suis resté muet, la beauté mérite le silence. Le souvenir d'une nana que j'avais beaucoup aimée est venu encombrer mon esprit. J'ai regretté d'avoir trop parlé quand il aurait fallu seulement se taire et écouter.

L'horloge affichait midi cinq. Le serveur est arrivé très vite. Avec ce magnifique soleil, j'ai pensé qu'on serait mieux dehors. Cliff avait voulu déjeuner à l'intérieur. On échangeait très peu ensemble. J'ai voulu enclencher une discussion, je me suis ravisé, j'avais une chambre froide en face de moi. Une nouvelle fois, j'ai regardé l'horloge. Midi dix. À peine 8 h 30 du matin en France : maman venait de se lever, mon père était déjà réveillé depuis longtemps. Peut-être même qu'il était déjà attablé dans le bar que tenait un de ses amis kabyles. Le pater passait la plupart de ses journées là-bas. Parfois, je me cachais à proximité, je le voyais assis seul sur une chaise, un café et un verre d'eau devant lui. Le patron survivait, son affaire ne roulait pas sur l'or, située à deux pas de la gare de Saint-Denis, la concurrence était rude. De derrière son bar à l'allure pas très musulmane, il lisait à voix haute *Le Parisien* à ses clients, pour la plupart des vieillards immigrés-illettrés touchant une faible retraite. Souvent, le silence s'emparait de la salle, les yeux se perdaient sur des affiches jaunies placardées sur les murs. Mon père revenait à la maison et parlait politique à ma mère. Elle l'écoutait en ne disant rien, préférant se concentrer sur les pommes de terre qu'elle était en train d'éplucher. Le serveur a posé des rouleaux de printemps sur la table. J'ai croqué dedans, c'était délicieux. Pour finir, le jeune homme a déposé une thermos de thé. J'ai persuadé Cliff de venir la boire à l'extérieur, pour profiter des rayons du soleil et de la beauté du paysage. Au loin, les montagnes se tenaient fières. Cette vue m'a fait penser à mes parents. Je n'ai jamais su pourquoi ils posaient sur les photos, le corps toujours très droit. Cliff a commencé à m'énumérer les prénoms des montagnes. Du chinois pour moi. J'avais du mal à retenir la moitié des noms. En plus, d'ici, je jurais qu'elles étaient toutes des sœurs jumelles. Les sherpas n'en finissaient plus de monter et de descendre, portant sur leur nuque des kilos de marchandises. Des bêtes, qui ressemblaient à des bisons et qu'on appelait ici des yaks, avançaient péniblement, tête baissée. J'ai allongé mes jambes et fermé les yeux. La chaise n'était pas très confortable. Des coups de bâton atterrissaient sur le dos des yaks pour les forcer à accélérer le pas. Un bruit qui crevait le silence de l'endroit. J'ai laissé retomber la pression et je me suis endormi.

Le trajet d'aujourd'hui nous a fait descendre de 2 800 m à 2 600 m. Trois heures de marche. Trop fatigués pour repartir.

Nous étions arrivés à Phakdin. La pension où nous venions de déjeuner proposait des chambres. Une lampe aussi fine qu'un ver de terre était suspendue au milieu du plafond. J'ai posé mon sac sur le sol, retiré mes chaussures, gardé le reste. J'ai pénétré à l'intérieur du lit. Le froid sec me faisait claquer des dents. J'ai serré contre moi les couvertures pour le réchauffement du corps. J'entendais au loin le bruit de la rivière qui coulait. Je n'avais plus froid. Après quelques minutes, la chaleur a commencé à envahir mon corps. Cliff dormait sur le côté, je l'entendais ronronner. J'ai tiré les rideaux. Le soleil partait se coucher. Le paysage était verdoyant, riche de ses belles forêts luxuriantes de bouleaux et de pins.

Un sherpa très âgé, de l'âge de mon père, vient de s'arrêter devant la pension. Il pose sa marchandise sur le sol et s'assoit. Il a sa tête à l'intérieur de ses mains. Puis il lève les yeux vers le ciel. Il finit par repartir.

Comme la lumière du jour, la sieste tirait à sa fin. Cliff a pris une gorgée d'eau et s'est redressé en plaquant un coussin derrière ses reins. Dehors, la nuit arrivait sur son lieu de travail. La chambre était plongée dans une semi-obscurité. Cliff a regardé droit devant lui et a commencé à me parler.

— Tu étais encordé pour l'ascension du mont Blanc ?

C'est normal que le chef de l'expédition se renseigne sur les CV des grimpeurs de son groupe. Cliff était responsable de nous tous, même si on avait dû signer une décharge en cas de gros pépin. Les accidents étaient nombreux sur la route de l'Everest, la plupart survenaient en descendant du sommet, après avoir atteint le Toit du Monde. J'ai réfléchi deux minutes, pour ne pas dire de conneries. Et puis, pour une fois, je me suis dit arrête la spontanéité. Ça m'avait mis tellement dans la daube par le passé de dire les choses comme ça, d'un premier jet.

— J'ai grimpé sans être attaché.

Fortiche comme gars.

— Tu avais des crampons ?

Le mont Blanc est la plus haute montagne d'Europe, elle culmine à 4 807 m, mais elle n'est pas difficile. Je connaissais une nana, pas spécialement une sportive chevronnée, qui avait réussi son ascension : elle était partie seulement quarante-huit heures.

— Pas de corde et pas de crampons. Je suis un champion.

Le bonhomme a pincé les lèvres, l'air contrarié.

— Bon, c'est l'heure d'aller dîner.

Nous avons pris notre petit déjeuner, on pouvait entendre les coccinelles voler. Déjà, la veille au soir, pendant le dîner, on n'avait pas échangé une syllabe avec Cliff. J'avais tenté de dialoguer mais j'avais obtenu un silence en retour. Quelle mouche l'avait piqué ? Depuis le départ de Katmandu, on n'était pas Thelma et Louise mais on s'entendait plutôt bien. J'écoutais ses conseils, je le suivais pas à pas. Ce matin-là, l'auberge affichait complet : un groupe de Coréens se gavait autour d'un bol de nouilles, des Anglais avaient opté pour des œufs au plat avec du bacon dessus. Il était 7 h 30. On était installés près de la fenêtre. La brume était épaisse. La gelée luisait sur les pousses d'un immense rhododendron, un arbre qui faisait face à l'auberge. Une serveuse très jeune, dans les douze-treize ans, faisait des allers-retours incessants entre la cuisine et la salle du restaurant. Les Coréens bavardaient la bouche pleine. Le regard de Cliff se perdait sur le mur d'en face. J'avais la tête baissée, concentré sur mes flocons d'avoine. Le thé était brûlant, j'ai soufflé sur le haut de la tasse, mais ça n'a pas suffi à le refroidir alors j'ai attendu pour le boire. Cliff a fini par se lever et s'est dirigé vers la cuisine. La patronne a sorti la note. Le bonhomme s'est retourné vers moi.

— À partir de maintenant, chacun paie sa part.

Je fus étonné de trouver, à plus de 3 000 m d'altitude, des champs de pommes de terre, d'orge et de sarrasin. Je suivais Cliff, j'étais à moins d'un mètre derrière lui. J'entendais son souffle, une respiration de souffrance. Le rythme était lent et la côte était douce. Nous longions la rivière Dudh Kosi. La plupart des marcheurs grimpaient à toute vitesse. Cliff semblait dépité.

— Ils prennent des risques, l'adaptation à l'altitude doit se faire en douceur, il est important d'y aller mollo.

Cliff détestait les amateurs, les pseudo-pros, ceux qui croient détenir la science infuse. Il savait de quoi il parlait. Il en avait vu des drames. La mort nous guettait tous. En 1996, quinze personnes, surprises par une tempête, périrent à quelques mètres du sommet. Parfois, la montagne est injuste : comme un tribunal, il lui arrive de se tromper et, de temps en temps, elle condamne à l'aveuglette. J'avais dix-sept ans et demi, pas tout à fait la majorité pénale. À quelques mois près. Un élève de ma classe s'était fait voler son scooter par plusieurs types. Sans passer par la case tribunal, il était question de rendre justice. Notre justice. J'ai senti le piège se refermer sur moi. Je ne voulais pas participer à la vengeance, ce n'était pas mon problème, c'était juste un camarade de classe, même pas un ami. Sur place, un gars avait fini sur le sol et avait perdu connaissance, presque la vie, les autres lui étaient tombés dessus à plusieurs. Des coups de baskets sur le visage, des coups de poing dans le ventre. J'avais gardé les mains propres. J'avais dit stop-arrêtez le massacre. Pourtant, j'avais été le seul à finir à Fleury. Je marchais et je réfléchissais. Y avait-il un destin ? Pouvait-on le changer ? Notre voie était-elle tracée d'avance ? J'ai pensé à ma bonne étoile qui m'avait permis d'être encore en vie. J'avais frôlé plusieurs fois la mort. Comme en Irak en mars 2003 où j'avais décidé de devenir bouclier humain et de protéger une usine de traitement d'eau au sud de Bagdad. Les bombes pleuvaient sur la capitale irakienne. Une coalition de pays démocratiques, c'est-à-dire des bleds dotés de constitutions qui parlent d'une égalité hommes-femmes et où chaque année les gays peuvent défiler dans la rue, avait décidé sans l'accord des instances internationales de rentrer dans le lard du pays-berceau de l'Humanité, appelé anciennement la Mésopotamie. Ma première nuit sur place avait été terrifiante. Les cœurs cessaient de battre quand les obus atterrissaient à deux pas de cette maison où j'avais pris refuge pour la nuit. Les vitres pleuraient. Je me trouvais dans une cave, un abri collectif. Des femmes tenaient dans leurs bras des enfants en bas âge. Les mômes jouaient, ne comprenant pas ce qui se passait au-dessus de leurs têtes. À chaque bombe qui explosait, un visage se raidissait. Je marchais et je réfléchissais. Je revoyais ces corps déchiquetés qu'il avait fallu ramasser pour pouvoir les enterrer au plus vite, selon les rites musulmans. L'odeur des cadavres ne m'avait pas quitté depuis. Autour de moi, la nature présentait son meilleur visage. De magnifiques arbres, tout en hauteur, nous protégeaient du soleil. Nous étions entourés de sapins, de pins bleus et de genévriers. Après le village de Jorsale, le chemin s'est raidi. Les marcheurs s'arrêtaient toutes les trente secondes, à la recherche d'un second souffle. Cliff se plaignait d'une douleur à la hanche. Une vieille dame est passée, qui portait un frigidaire sur la nuque. À un moment, j'ai cru qu'elle allait tomber à la renverse. Quelques minutes après, l'Everest est apparu. Émerveillé, je me suis arrêté.

Le chemin continuait à grimper en pente raide à travers la forêt. Tout autour, des collines escarpées dominaient la vallée. Nous traversions des hameaux traditionnels. Namche, capitale du pays « sherpa », le cœur commercial, était un gros village, le plus balèze des alentours. Il était également le centre administratif de la région du Khumbu. Il surplombait la rivière Bhote Kosi et offrait une vue sur la face nord du mont Kwangde. Perché à 3 441 m, Namche était le dernier endroit « civilisé ». Ici, on trouvait une multitude de cafés internet, de bars branchés et de nombreuses boutiques de vêtements. Des commerçants tibétains vendaient des bijoux et des produits artisanaux. Nous sommes arrivés vers 17 heures. Nous avions marché toute la journée. Cliff ne tenait plus debout. À l'entrée du village, les nuages avaient chassé le soleil. Des petits crachats, un peu plus que des postillons, étaient sortis de nulle part. J'avais remis ma veste, une tunique noire qui faisait un peu amateur, la pro était hors de prix. Je suis monté dans ma piaule située à l'opposé de celle de Cliff. Mon compagnon ne désirait plus partager de chambre avec moi. Nous n'avions pas échangé un seul mot de la journée. À peine mariés, le divorce était déjà prononcé. L'union, la séparation. Les couples qui se font et qui se défont. Tout de suite, j'ai pensé à cette fille, j'étais tombé raide dingue d'elle. Elle était une mauvaise idée dès le départ et j'avais tout fait pour ne pas tomber amoureux. Elle savait pour mes sentiments et c'est à partir de là que j'ai été perdu. Je crois que c'est elle qui m'a écœuré de l'amour. J'ai mangé un petit bout, et je suis allé me balader. La nuit venait de prendre le relais, des lampadaires éclairaient les petites ruelles. Le village était bondé de touristes et j'avais du mal à me frayer un chemin. Je me suis arrêté devant un magasin de fripes. Un jeune, la vingtaine, se tenait à l'entrée. Il m'a salué et je suis entré. J'avais besoin d'une autre paire de gants. J'en ai essayé plusieurs avant de finir par trouver la bonne. Le jeune homme a reconnu mon accent français.

— J'aime la France, j'ai bien aimé comment vous avez pris parti pour notre peuple.

Ses parents avaient fui le Tibet après l'invasion de la Chine dans les années 50. Namche était connu pour abriter une forte communauté tibétaine. Le garçon était inquiet parce qu'il avait toujours de la famille à Lhassa. Il n'avait plus de nouvelles de là-bas. Des émeutes avaient éclaté au Tibet et la Chine tentait tant bien que mal d'empêcher les informations de sortir du pays. Il a voulu savoir ce que je venais faire de ce côté-ci du globe.

— J'ai décidé d'aller le plus haut possible. On aurait bien pu ne jamais se rencontrer tous les deux, puisqu'au départ j'avais pensé gravir l'Everest par le Tibet. La Chine avait fermé précipitamment le versant Nord.

— Le karma mon frère, a-t-il dit en souriant.

Ce matin, j'ai dormi plus longtemps. Nous restons une journée supplémentaire à Namche. Pour s'adapter à l'altitude, ne pas brûler les étapes. Quand je sors de mon lit, il est 9 heures. Envie d'un thé. La chambre est minuscule, juste de la place pour une personne. Il fait aussi froid à l'intérieur de la pièce que dehors, point de chauffage ici. Je m'approche de la vitre, une buée apparaît. Je retire mon bonnet, frotte le carreau pour y voir plus clair. Les commerçants déballent leurs marchandises. Sur la droite, des touristes occidentaux sont attablés sur une terrasse et prennent leur petit déjeuner.

J'ai sorti un livre de mon sac. Le seul bouquin écrit en français que j'avais trouvé dans une boutique de Namche. De la collection Harlequin. Un roman à l'eau de rose. Son titre : *L'Impossible Amour*. L'histoire d'une femme qui en avait ras le citron de la lâcheté de son homme. J'ai essayé de me plonger dedans. Ma mère ne ratait jamais un épisode des *Feux de l'amour*. J'avais beau lui répéter que c'était de la fiction, elle n'en démordait pas et me répondait Non mon fils, c'est comme ça que ça se passe dans la vie de tous les jours. J'ai posé le bouquin au pied du lit, enfilé ma paire de chaussures et je suis descendu au restaurant. La salle était déserte, les trekkeurs partaient souvent à l'aube, pour éviter les chaleurs du midi. Je me suis installé près de la fenêtre. Un immense temple bouddhiste était planté en plein milieu du village. Plus bas, des travailleurs s'activaient en cassant des briques. Ça construisait de partout. Un vaste complexe immobilier devait sortir de terre dans les prochains mois. J'ai commandé un gros breakfast, une faim de loup. Les banquettes étaient confortables. J'ai pensé à l'Everest : j'étais prêt à l'affronter. En mode guerrier. Salah, un éducateur de quartier, surdiplômé, avait été le premier et le seul dans ma jeunesse à croire en moi. Jamais compris pourquoi il avait vu une étincelle dans mes yeux. Le serveur est arrivé avec la totale et est reparti très vite dans sa cuisine. J'ai fini mon petit déj et suis remonté dans ma chambre. L'héroïne du roman, une certaine Clara, avait décidé de quitter son mec. L'homme qu'elle aimait. Pour de bon, elle ne reviendrait pas sur sa décision. Elle pleurait comme elle n'avait jamais chialé de sa vie. Ce livre était mal écrit et l'histoire ne valait pas un clou.

Ils sont arrivés. J'ai tout de suite pensé à John Wayne et aux Indiens. Cliff était plongé dans son assiette de nouilles. Je venais de redescendre au restaurant. Ils ont fait une entrée fracassante. Toute la journée, la pluie n'avait pas arrêté de pleurer. Ils étaient trempés de la tête aux pieds. Quatre Australiens. Ils ont salué Cliff, ils ne m'ont pas regardé. Ils se sont assis. Ils ont raconté le calvaire qu'ils avaient enduré pour arriver jusqu'à Namche, le vent qui soufflait, la pluie qui les avait glacés. Je me suis présenté : Nadir, je suis français. Il y avait Christian, un grand brun employé dans la haute technologie à Londres, Todd, cheveux très courts et qui travaillait à son compte, Lachlan, un ancien des services secrets australiens, et son frangin James, toubib aux cheveux grisonnants. Le serveur est venu prendre commande. Les Australiens ont opté pour un steak-frites et une bière. Chacun a alors commencé à raconter une anecdote. Des histoires de montagne à faire flipper les plus téméraires. J'ai branché mes écouteurs pour ne pas les entendre. Avant de partir de Paris, j'avais choisi de ne pas me documenter sur l'Everest. Je ne voulais pas savoir ce qui m'attendait, même si j'étais bien conscient que cette ascension n'allait pas être une partie de plaisir. Je ne cherche jamais à savoir. Ceux qui se séparent de la personne qu'ils aiment devraient en faire autant.

Florent ne comprenait pas pourquoi Clara avait décidé de foutre le camp. Ils étaient bien ensemble. Ce con la voyait seulement quand il avait le temps. Il était persuadé qu'elle ne le quitterait jamais, il pensait qu'elle était trop amoureuse de lui. J'ai fermé le livre, et même si cette histoire relevait de la fiction voire de la science-fiction, j'ai pensé à ma propre vie senti-mentale. C'était la seule chose où je me comportais comme un lâche, de manière égoïste. Peur de l'engagement. Pourtant pas la frousse de m'engager sur les parois de la plus haute montagne du monde. Je suis revenu à la réalité, le serveur a posé l'assiette garnie du plat local-traditionnel : un Dal Bat, du riz, des légumes et une sauce à base de lentilles. Ce soir-là, je ne me suis pas éternisé au restaurant. Cliff refaisait le monde aves les Australiens. Ma chambre était froide. J'ai frotté mes mains contre mon corps et j'ai sautillé tel un boxeur. Je me suis imaginé une corde à sauter dans les mains. Le coach demandait d'accélérer toutes les deux minutes. La salle de boxe était pleine à craquer. L'hiver violentait encore un peu plus notre existence. Un vent glacial venait frapper sur une immense vitre. De là, on pouvait apercevoir la cité. J'entendais la sonnette, je m'arrêtais et repartais. Un type, grand et agile comme un félin, se bandait les mains, le regard déterminé. Son combat était programmé dans quelques jours. Au même moment, à une dizaine de kilomètres de là, dans une autre banlieue parisienne, à Neuilly-sur-Seine, Stanislas, treize ans, fils aîné de Mathilde, travaillait son piano. Son professeur lui apprenait à jouer la cinquième symphonie de Beethoven. L'entraîneur galvanisait les jeunes en leur disant C'est la dernière ligne droite, c'est le moment de tout donner. J'ai levé les genoux le plus haut possible, j'avais les abdos qui travaillaient, le cœur qui allait tambour battant. Je n'avais plus froid. Je me suis arrêté brusquement pour tenter de récupérer mon souffle. Ensuite, j'ai fait des pompes. Une trentaine de tractions. Mes bras ont commencé à gonfler, ma poitrine s'est durcie. Je transpirais. Mon corps était chaud. J'ai remis mon bonnet, enlevé mes chaussures et gardé mes chaussettes. Ensuite, j'ai soulevé la couverture et me suis glissé à l'intérieur du lit : la couette et les draps étaient glacés. Je me suis mis en boule. À l'abri. J'ai dû me relever pour éteindre la faible lumière. Avant de m'endormir, j'ai souhaité bonne nuit à mes parents.

Cliff buvait sa tasse de thé avec élégance. Une longue journée s'annonçait. Le serveur, le même que la veille, m'a demandé si je désirais commander une nouvelle fois le breakfast complet. J'ai hoché la tête pour lui signifier mon approbation. Ma mère faisait des pieds et des mains pour que le frigo soit toujours rempli. Bien manger, avant tout. Les Arabes de France, de gros consommateurs. J'ai regardé Cliff pour voir si la réconciliation était possible mais je le sentais mal à l'aise avec moi. Je suis retourné dans ma piaule pour ranger mes affaires avant de rendre la clef. En bas, le serveur soufflait deux minutes. Il s'est levé, très gêné, en me voyant.

— Je t'en prie, reste assis, j'ai dit.

Rien à faire, il a repris le turbin. Cliff est arrivé juste après. Il a payé sa note, a salué le patron, et nous sommes sortis de l'auberge. La pluie de la veille ne faisait plus partie du décor, le soleil était excessif. Il a fallu un bon quart d'heure pour sortir de Namche. Au détour d'un virage, je me suis retourné.

En bas, les rayons du soleil laissent sur la rivière Dudh Kosi de longs traits dorés. Plus loin, en levant les yeux vers l'horizon, les cimes enneigées de l'Ama Dablam et du Kantega resplendissent. Nous avons traversé Phunky Tenga, décoré de ses moulins à eau et à prières, avant d'atteindre Tengboche, où l'on trouve le plus important et prestigieux monastère de la région Khumbu à l'entrée du village. Construit en 1919, un tremblement de terre en 1934 puis un incendie en 1989 exigèrent à chaque fois sa reconstruction. Des moines résident dans ce temple et des lamas viennent y étudier. La température est bienveillante. À certains endroits, la chaleur s'invite même. D'autres randonneurs sont déjà sur la route. Beaucoup utilisent des bâtons de ski, le chemin est accidenté et très étroit par endroits, le pied qui dérape et on peut se retrouver vite fait dans le ravin. Avec l'altitude qui augmente, les arbres commencent à se faire discrets. Nous empruntons un sentier recouvert de sable. Un yak, plus chargé qu'un mulet, nous barre la route. Le maître a du mal à faire avancer sa bête. Les coups commencent à pleuvoir sur tous les membres de son corps. Je trouve dommage qu'il n'existe pas de syndicat pour les animaux. Cliff le double par la droite. Ses sabots glissent sur les rochers. Son maître me conseille de faire attention.

— Ce yak est un vicieux.

Je regardai l'animal, il me touchait le pauvre. Il était sur les rotules. Je pensais à la retraite qu'il ne percevrait jamais, à la légion d'honneur qu'il méritait et que pourtant il ne recevrait pas.

Pengboche n'est même pas un village : juste quelques maisons, une épicerie et une auberge. Cliff avait décidé d'écourter les journées de marche. Sous cette chaleur, il valait mieux. La pension est vide, nous sommes les deux seuls clients. C'est le quartier général de Cliff. Sur le mur de la salle qui fait office de restaurant, des photos d'alpinistes, le visage radieux, posant fièrement en haut d'un sommet. La patronne arrive, une petite fille dans les bras, un verre de thé entre les mains. La fillette a peur parce que je fais des grimaces, elle met ses mains sur ses yeux. Je demande à la mère où ces photos ont été prises, je m'en doute bien mais je veux avoir la réponse officielle. Elle me montre celle où son mari atteint pour la première fois l'Everest, puis elle baisse la tête. Il n'a plus grimpé depuis. J'en demande la raison. Elle a déjà tourné les talons et s'est engouffrée dans sa cuisine. La tasse de thé est posée sur une grande table, avec à sa droite une petite cuillère.

Il me manquait pas mal de matériel. J'avais fait ce que j'avais pu avec un budget très serré. Cliff m'a appelé. Il ne m'avait pas adressé la parole depuis deux jours. Il était à genoux à l'intérieur d'un garage, les mains fourrées dans une grosse boîte bleue en plastique. Autour de moi, ça ressemblait à la caverne d'Ali Baba. Des cordes épaisses pendaient, sur lesquelles étaient accrochés des mousquetons. Sur le sol des dizaines de chaussures de montagne. Sans même me regarder, Cliff m'a tendu une paire de godasses, plus légères que les miennes.

— Ce sont des bottes intermédiaires, a-t-il précisé. Les tiennes seront pour l'ascension finale.

Je me suis assis dehors, les rayons du soleil atterrissaient directement sur mon crâne. La voisine étendait son linge. Les chaussures n'étaient pas neuves. En décembre, chaque année, ma mère nous emmenait avec mes deux sœurs à la mairie chercher nos bottines. De belles chaussures marron fourrées. Sur place, nous croisions toutes les autres familles de la cité, tous les prolos. Nous revenions à la maison, heureux comme tout. Mais aujourd'hui, mon pied était trop gros. Cliff a semblé embêté. Il m'a tendu une nouvelle paire. Je l'ai enfilée sans peine : la botte était trop grande pour moi. Cliff a soupiré.

— Laisse béton tu te serviras de tes belles chaussures, pas de bottines intermédiaires pour toi.

Le soir, on n'y voyait pas grand-chose. Le dîner avait été servi très tôt. Après avoir couché sa fillette, la patronne nous servit le repas. Elle en avait profité pour alimenter la cheminée. Cliff examinait une carte, j'écoutais Oum

Kalsoum, la diva égyptienne. La pièce se réchauffait très vite. Nous avons rapproché les chaises pour profiter de la chaleur de l'âtre. La soupe aux légumes était un poil trop salée. Je me suis versé un nouveau verre d'eau. Depuis le départ de Paris, j'en consommais en moyenne quatre litres par jour. Boire était un bon remède pour atténuer les maux de tête liés aux effets de l'altitude. Cliff carburait au thé. Je me suis jeté sur le Dal Bat et le chapati, le pain traditionnel. Il ressemblait à la galette que ma mère préparait. Je pouvais passer des heures à la regarder pétrir la pâte. Cliff restait silencieux. Nous étions comme un vieux couple, qui n'a plus rien à se dire. Quelques jours à tenir avec lui, puis je retrouverais le reste du groupe au camp de base. Tout d'un coup, Cliff est sorti de son mutisme. Il venait de finir de manger son Dal Bat :

— Tu es de Paris ? J'aime bien cette ville, on s'y sent tellement bien, les cafés, l'atmosphère, les ponts, la Seine, la bouffe et le bon picrate.

J'ai éclaté de rire. Il a été très étonné de ma réaction. Je me suis excusé : « Je ne sais pas ce qui m'a pris. Oui, une belle ville Paris, une cité magnifique, la classe internationale. » Cliff était écossais mais il avait grandi à Singapour.

— Parfois je ne sais pas qui je suis.

Pour la première fois, il me parlait avec son cœur.

J'ai regardé par la fenêtre de ma piaule, le ciel bardé d'étoiles, la montagne majestueuse. Nuit magnifique. J'ai failli sortir. Ouvrir la fenêtre et partir me balader, profiter de la quiétude de l'endroit. La cité était pleine de bruits, les portes qui claquaient, les gifles qui partaient, les amis qu'on enterrait. Je voulais penser à autre chose. Je ne voyais qu'elle. Comme une trace indélébile. La banlieue. Les barres HLM. Pourquoi je n'arrivais pas à la quitter ? Si belle et si moche. Si généreuse et si impitoyable. Je me suis levé pour aller pisser. La pension était calme. Cliff dormait de l'autre côté. La patronne et sa fille étaient en bas. J'ai marché en essayant de faire craquer le moins possible le plancher. Il faisait froid, très froid. Je me suis senti seul mais j'aimais ça la solitude. J'ai essayé de comprendre pourquoi j'aimais l'isolement, je crois que c'est parce que j'ai toujours eu peur du regard des autres.

Cliff était encore fourré dans son garage. La patronne préparait un autre repas, sa fille cette fois assise sagement sur une chaise. Le soleil était de nouveau le seul maître à bord. Je me suis assis sur un rocher. En face de la pension, une jeune femme se tenait devant l'entrée d'une épicerie, l'air hagard. Des enfants s'amusaient à se faire peur. Un touriste a pénétré dans une petite échoppe, l'Arabe du coin *made in* Pengboche. Quelques minutes après, le bonhomme a repris la route, une bouteille de coca-cola dans les mains. La mondialisation, mes frères. L'épicière est ressortie. Une fillette est venue en pleurant se réfugier dans ses jupons. Un garçon la suivait de très près. La maman lui a lancé un regard Touche pas à ma fille. Le garçon s'est enfui. Du linge étendu dans le jardin du voisin tanguait. Une petite brise soufflait. J'ai relevé le menton, regardé vers le ciel et fermé les yeux.

Orsho n'était qu'à deux heures de marche. Nous avions quitté Pengboche vers 11 heures, pas pressés pour un sou. Le chemin continuait en pente douce et coupait le petit village de Shomare, dans lequel se trouvaient quelques gîtes. Ensuite, la piste s'aplanissait un peu. Orsho était un endroit paisible. Dans la pension où nous venions de pénétrer, Manisha, la vingtaine bien portée, épluchait avec le sourire des légumes bio, un collègue à elle, un garçon plus jeune, essuyait la vaisselle. Les deux reprenaient en fredonnant avec un sourire de paradis l'air que crachait la radio stéréo, une musique traditionnelle. C'était un havre de paix, ça se voyait au premier coup d'œil. Manisha fut contente de revoir Cliff.

— Je vais bien, baragouina-t-elle dans un anglais pas très bouddhiste.

L'auberge où nous nous trouvions était plantée seule au bord du chemin, telle une station-service au bord de l'autoroute, Bagdad Café en plein désert de Californie, la route 66. Nous sommes montés au premier étage : là, une large vitre donnait le sentiment de pouvoir marcher au milieu du paysage. La salle à manger s'étalait en longueur et des banquettes à la marocaine étaient placées en labyrinthe à l'intérieur de la pièce.

Le visage collé sur la vitre, je regarde l'horizon et je m'émerveille de bonheur pour cette nature si généreuse. Les sherpas s'activent, marchent en tongs, avec leurs semelles extra-fines, un gilet sur le dos, parfois sans gants et sans bonnet, dépassant telle une formule 1 les touristes occidentaux, qui, eux, peinent à grimper, chaussures montantes imperméables aux pieds, dotées de semelles accrocheuses, avec sur le dos des vestes polaires, sur la tête des bandeaux en coton, sur les jambes des pantalons gore-tex. Parfois, on aperçoit toute une famille népalaise marchant en groupe. Le mot courage me vient à l'esprit. Le père transporte un frigidaire et un congélateur, la mère, la gazinière et la vaisselle, les enfants, les jouets et les boissons. Ils s'arrêtent toutes les trois minutes, puis repartent : le papa tapote la tête de son gamin, la maman regarde derrière elle, pour se rendre compte du chemin parcouru. Au Népal, on est souvent porteur de père en fils, de mère en fille, une transmission, un passage de relais.

Florent s'est réveillé. Clara lui manquait trop. Sans elle, la vie n'avait plus aucun sens. Il fallait qu'elle se barre pour qu'il se rende compte de ses sentiments pour elle. Clara, elle aussi, morflait. Ce qu'elle ressentait pour Florent, elle ne l'avait jamais ressenti pour quelqu'un d'autre. Ce livre me gonflait. C'était quoi cette histoire de merde ? J'étais assis sur la banquette au premier étage et je lisais pour tuer le temps. La veille au soir, Cliff avait expliqué qu'il devait se barrer, il était attendu au camp de base, des trucs à régler sur place. Manisha est arrivée les mains chargées. La soupe était brûlante, ma langue n'a pas supporté. J'ai repensé à la phrase de Cliff : « Parfois je ne sais pas qui je suis. » Il avait soixante balais et il ne savait pas toujours qui il était. J'aurais voulu pouvoir débattre de ce sujet avec lequel je me débattais moi-même. Mais les mots étaient restés à la ligne de départ.

La pièce était calme ce soir-là, on entendait juste le crépitement du bois qui brûlait. Cliff était atteint par la maladie de l'identité. J'aurais jamais pensé à toutes ces choses en le voyant.

Cliff est parti très tôt pour le camp de base, je dormais encore. Un sherpa devait passer me prendre à 9 heures pour m'emmener voir le lama. Assis dehors, je profitais du merveilleux soleil, une tasse de thé posée à côté de moi. J'ai sorti le roman de mon sac. Florent avait mis sa fierté de côté et avait appelé Clara. Il chialait à l'autre bout du fil, lui qui d'habitude était aussi distant que Paris et sa banlieue. Il répétait qu'il l'aimait, qu'il avait merdé, qu'il avait eu peur de lui dire qu'il tenait vraiment à elle. C'était sa façon de se protéger. Par le passé, il avait eu mal, très mal. Quel bouffon ce Florent ! Manisha est sortie avec une bassine remplie d'eau usagée et a balancé la flotte dans le ravin. De retour dans la cuisine, je la regardai travailler un moment, elle et son collègue. La radio grésillait, à cette hauteur, la réception ne pouvait pas être parfaite. Les légumes étaient posés sur une énorme table, les marmites, remplies d'eau, avaient le cul sur des flammes. Manisha parlait et l'autre l'écoutait, parfois il lui souriait. Leur vie avait l'air d'être simple. Qui sait ce qu'il y avait derrière ? Manisha s'est mise à chanter, j'ai pensé que son cœur était rempli d'amour pour qu'elle chantonne de la sorte.

Un type est entré dans l'auberge et Manisha est venue à sa rencontre. Pas très grand de taille, il s'est présenté. Bijay, sherpa de son état. Comme ses autres collègues, il grimpait pour vivre. Dix ans de salaire pour sa pomme s'il emmenait un Occidental sur le toit de l'Everest. Il risquait sa poire pour faire plaisir à des connards de mon espèce.

Bijay, un grand timide. Je l'ai vu tout de suite. Il fuyait mon regard. Je suis allé chercher une veste et nous sommes partis tous les deux. Manisha est restée devant l'auberge et nous faisait des signes d'au-revoir-à-très-vite. Bijay marchait en accéléré, j'avais du mal à suivre le rythme. Nous avons pris un petit chemin de terre, hors des parcours habituels. Après une demi-heure de déambulation effrénée, nous sommes entrés dans un petit village. À chaque personne rencontrée, Bijay avait droit à un salut. La star locale. Les maisons construites en brique se ressemblaient toutes. On a descendu des marches pour atterrir sur le seuil d'une porte.

Une vieille dame nous a fait entrer. Nous nous sommes assis, la dame a déposé deux tasses de thé. Bijay m'a demandé si j'avais ramené une kata, l'écharpe en soie jaune. J'ai tiré une mine de surprise. Le sherpa a sorti de son sac un bout de tissu et a expliqué tel un instit :

— Quand on vient chez le lama pour se faire bénir, on doit apporter une kata.

La dame m'a regardé en souriant. J'ai senti qu'elle voulait me parler mais il y avait une barrière entre nous qui s'appelle la langue commune. Mon père galérait avec la communication. On devait l'accompagner quand il avait rendez-vous avec le banquier, ça le faisait chier mais il n'avait pas le choix. Il avait essayé d'apprendre le français à cinquante ans et pour lui c'était pire que de gravir l'Everest. Le lama était dans une autre pièce. J'ai revu la voyante et son bureau de la Porte de la Chapelle. La dame avait expliqué à ma mère que son fils n'allait pas bien, elle avait promis de tout faire pour essayer de me guérir. Bijay est revenu avec une belle écharpe jaune qui brillait tellement elle était toute neuve. L'assistante du lama s'est approchée et elle nous a demandé de la suivre. On a traversé une autre pièce puis on a attendu devant une porte. Bijay avait l'air stressé. La voyante de Paris m'avait tiré les cartes et était revenue sur mon passé : elle avait vu que j'avais connu les affres de la délinquance juvénile. Ensuite, elle avait évoqué une belle brune qui allait entrer dans ma vie et qui allait changer beaucoup de choses pour moi. L'assistante du gourou népalais a ouvert la porte et j'ai vu un homme d'un certain âge et sans cheveux qui se tenait au fond de la salle, assis en tailleur. Bijay a respiré un grand coup et je l'ai suivi. La pièce était immense. Une énorme vitre offrait une vue splendide sur les montagnes. Le lama a joint ses deux mains et nous a salués. Bijay s'est assis, ses yeux étaient muets. Je me suis mis à sa gauche. Le vieux monsieur nous a regardés et ses dents sont apparues. Sourire discret. La voyante m'avait pris les mains et m'avait chuchoté à l'oreille que je ne devais plus m'inquiéter. Ma mère était assise au fond de la salle. Je m'étais retourné pour la regarder, elle tenait un mouchoir blanc dans les mains et s'essuyait les yeux avec. Le lama a hoché la tête et Bijay m'a prévenu que la bénédiction allait démarrer. Il m'a expliqué comment les choses allaient se dérouler. Il passait le premier. Bijay s'est levé et s'est placé à côté d'une boîte cylindrée en fer, posée à même le sol. Ses jambes étaient écartées

73

au-dessus de la boîte. C'est fou, j'ai pensé. La voyante de la Chapelle avait procédé de la même manière. Je connaissais la suite. Ma mère ne savait plus quoi faire avec son mouchoir. J'étais debout, de la fumée s'évaporait d'une sorte de seau métallique et zigzaguait à travers mes jambes. La vieille dame avait récité des phrases en arabe, puis en français. Des sons incompréhensibles sortaient de la bouche du lama. Bijay restait impassible. La fumée était grise, elle n'avait pas d'odeur. Le moine népalais a pris les mains du sherpa et les a embrassées. Le jeune homme s'est rassis, ses yeux ont grossi. Sa tête regardait vers le bas, en signe de recueillement. Ma séance chez la voyante parisienne s'éternisait. J'étais très malade, elle devait faire fuir tous les mauvais esprits. Je me suis levé, j'ai salué le lama et j'ai attendu les bras ballants, le regard dirigé vers la fenêtre. Deux dames discutaient aux abords d'une maison au toit pointu. Bijay m'a demandé d'écarter les jambes. Le prêtre a jeté une allumette dans la boîte métallique. J'ai fermé les yeux. Ma mère avait tellement besoin d'entendre de la bouche de cette dame que les mauvais moments étaient derrière. Les nombreuses nuits où elle n'arrivait pas à fermer l'œil resurgissaient. Nous étions sortis du cabinet et on avait marché jusqu'à la gare du Nord. Durant le trajet, nous n'avions échangé que des silences, même pas des regards. La voix de Bijay m'a sorti de mes pensées : la cérémonie était finie. La minute d'après, il m'a remis l'écharpe jaune, je devais y cacher de l'argent et la remettre au lama, afin que les dieux de la montagne ne nous laissent pas crever là-haut. J'ai pensé à tout l'argent que ma mère avait dépensé pour pouvoir dormir les yeux fermés. J'ai sorti de ma poche quelques roupies. À peine un euro.

J'avais préféré rester dans ma chambre ce matin. Clara n'avait pas rappelé Florent alors le garçon avait décidé de se pointer devant chez elle. Il voulait qu'elle lui dise les yeux dans les yeux qu'elle ne l'aimait plus. Il était certain qu'elle n'y arriverait pas, il savait qu'elle était toujours raide dingue de lui. Pour le jeune homme, l'amour, ça ne pouvait pas s'évanouir comme ça, ou alors ça n'était pas de l'amour. Il était midi quand j'ai finalement quitté ma chambre : j'étais installé dehors, soleil bleu au zénith, ciel dépourvu de nuages. Cliff avait demandé la veille de son départ que je reste ici dans cette auberge à Orsho pour attendre les Australiens. Bijay les avait croisés à Pangboche, un petit village situé à deux heures d'ici, plus bas dans la vallée. Mon repas englouti, je suis parti à leur rencontre. C'était une belle descente. J'ai pensé à la joie que j'aurais dans quelques semaines en revenant par ici, au moment du retour. C'était encore loin dans le temps et j'ai préféré arrêter mon imagination. Je croisais les porteurs et leurs marchandises, les touristes avec rien sur le dos (les sherpas transportaient tous leurs bagages). J'ai mis à peine une heure pour atteindre Pangboche. Sur le chemin, des pierres plates sur lesquelles étaient gravés des prières et des dessins. De véritables monuments que l'on contourne toujours par la gauche. La croyance des autres, mes frères.

Todd est en train de s'appliquer de la crème solaire sur le visage, Lachlan écoute de la musique les jambes étirées, Christian lit un livre, une tasse de thé posée à côté de lui, quant à James, le quatrième de la bande, je ne le vois pas. Je m'approche des Australiens et je les salue de la main. Je tente d'expliquer d'une façon brouillonne que Cliff a dû rejoindre le camp de base précipitamment, et que désormais je dois faire la route avec eux. Long silence. Pas de réponse. Même pas un regard. Un cheval broute de l'herbe. Une barrière en bois nous sépare de l'animal. Je me demande tout à coup ce qu'un cheval peut bien foutre ici, à 3 500 m d'altitude ? J'attrape la dernière chaise en plastique qui traîne. Christian pose son livre et engage une conversation avec moi.

— Pas trop dur le trek ?

— Non, ça va. Avec Cliff, on y va doucement. Très doucement même. Et vous ?

— Le groupe marche vite mais il y a une bonne ambiance.

Pour se préparer à l'Everest, Christian est parti le mois dernier gravir la plus haute montagne d'Amérique, l'Aconcagua, un sommet qui culmine à 6 962 m.

— Et toi, Nadear, tu t'es entraîné comment ?

Le thé arrive au même moment. Je regarde ma montre, je vois qu'il se fait tard.

— J'ai une heure et demie de route devant moi.

Christian m'a donné rendez-vous pour le lendemain.

Les Australiens ont débarqué à Orsho comme prévu en début de matinée. J'ai cherché Christian du regard, je ne l'ai pas vu. J'attendais dehors, mon sac bouclé, prêt à reprendre la route. J'ai demandé de ses nouvelles à ses compatriotes. Christian était malade à en crever et se trouvait plus bas. J'ai proposé de l'attendre, et de faire le reste de la route avec lui. Les Australiens sont repartis aussi vite qu'ils étaient arrivés. Manisha a cru que j'avais changé d'avis, que j'avais décidé de rester une journée de plus. Je lui ai expliqué, elle a aimé le geste de la solidarité et m'a invité à venir dans sa cuisine pour boire un thé avec elle. La radio fonctionnait un peu mieux que la veille et je ne sais pas ce qui m'a pris mais je me suis à chanter. Les deux ont rigolé alors j'ai continué. Je me suis dit que c'était dommage qu'ils ne comprennent pas les paroles parce que c'était une chanson de Brel qui s'appelait « Les Vieux Amants » et qui me foutait à tous les coups le cafard. Ce mec-là, je l'avais découvert grâce à une nana qui m'avait dit que le plus dur dans la vie c'était de réussir sa vie sentimentale. Elle avait dit aussi que Brel le savait et que c'était pour ça qu'il avait été malheureux toute sa vie. Ils ont applaudi quand je me suis arrêté de chanter, elle était magnifique cette chanson, elle ne vieillissait pas. Je me suis senti triste à cause de l'amour qui ne se trouve pas tous les jours. Manisha, elle est comme ma mère : elle croit qu'elle est née pour servir les autres. Elle n'a pas désiré s'asseoir avec moi pour boire le thé. C'est à ce moment que

Christian est entré dans la cuisine. Il ne m'a pas vu du premier coup : la pièce était très sombre. En plus, je commençais à être très bronzé.

La verdure avait totalement disparu, les rochers sont apparus, parfois aussi grands que des menhirs. Christian peinait. Au réveil, il avait senti une douleur à l'estomac. Il marchait cinq minutes puis s'arrêtait. Heureusement pour lui, l'étape du jour était minuscule. Ses collègues s'étaient chargés de lui porter son sac. Il grimpait à l'aide de ses deux bâtons de ski. Je restais derrière lui en soutien. La route, très accidentée, n'était pas très fréquentée. Trois Occidentaux étaient en plein recueillement devant un monticule de petites pierres. Christian s'est assis, a sorti une gourde de son sac. Je me suis approché de la stèle. Un nom à consonance russe était gravé sur une plaque en marbre. L'homme avait trente ans au moment du drame. J'ai fait des étirements et j'ai avalé une gorgée d'eau. Le soleil était envahissant, pas moyen de trouver un millimètre d'ombre. Christian avait le visage défait, il a fini par se lever, a remis ses gants. Nous sommes repartis. Le chemin, bien que cabossé, était assez plat. Au-dessus de nos têtes, de gros rochers semblaient suspendus à un fil. Nous marchions très lentement, mon compagnon

tenait à peine sur ses jambes. Il s'est arrêté, a posé
une main sur la façade rocheuse. Je me suis
approché.

— Je ne suis pas dans mon assiette, m'a-t-il
dit.

Nous arrivions à apercevoir les premières
maisons de Dengboche. J'ai essayé de le rassurer.

— Prends ton temps, il fait beau et chaud et
la nuit est beaucoup trop loin pour qu'elle nous
surprenne.

Mon compagnon semblait très inquiet : nous
étions à 4 000 m et l'Everest culminait à
8 848 m. Avant de s'embarquer dans cette expédition, Christian avait pourtant suivi un bon
entraînement. La montagne était toujours la
patronne.

Il avait une barbe mal taillée et portait des
vêtements pas très chics. Il balançait les cartes
avec le sourire tandis que les autres prenaient un
air sérieux. Il s'est présenté : Ranulph Fiennes.
Sur le coup, je n'ai pas saisi à qui j'avais affaire.
Il a reconnu mon accent de la Gaule moderne
et m'a parlé en français. Je me suis assis à ses
côtés. Ranulph voyageait avec un groupe
d'Anglais, certains d'entre eux prenaient part à

notre expédition. Je me suis levé et j'ai quitté le groupe. Cliff m'avait conseillé d'escalader des collines à chaque fois que je le pouvais. Sur ma gauche, l'une d'entre elles surplombait le village. Le chemin était étroit et très peu emprunté. Des yaks broutaient ce qui restait d'herbe, c'est-à-dire pas grand-chose. J'ai commencé à grimper. J'ai branché les écouteurs pour obtenir un peu plus de douceur. La côte était en zigzag. Elle a commencé à se raidir. J'ai rangé mes écouteurs, je voulais entendre mon souffle. Brusquement, le vent s'est levé, les nuages descendaient vers moi. J'ai continué à grimper, en appuyant fort sur mes cuisses pour soulager mes genoux. Je distinguais le sommet. Il semblait encore loin. Je me suis retourné pour me rendre compte du chemin parcouru : le village avait disparu, les nuages avaient tout enveloppé. Un yak s'est dirigé vers moi, j'ai bifurqué vers la droite pour l'esquiver. Je butais sur des bouts de bois, la visibilité avait pris un sacré coup sur la gueule. Tout d'un coup, je n'ai plus vu le sommet. Le vent s'était mis à souffler très fort. J'ai continué à grimper. Quelques blessures non cicatrisées se sont rouvertes dans mon esprit. Ça m'a pris comme ça, j'ai senti que j'en avais rien à foutre de crever ici. Seul le chagrin que pourrait avoir ma mère s'il m'arrivait quelque chose de grave me turlupinait. Les yaks étaient plus bas. Désormais, j'étais seul. J'ai rebranché mes écouteurs pour ne plus entendre mon souffle débridé. Cesaria Evoria, la chanteuse du Cap-Vert, me donnait des frissons.

Sur le mur de l'auberge sont placardées des dizaines de photos. Des alpinistes occidentaux qui ont le sourire. À leurs côtés, les bras autour de leur cou, des sherpas affichent une mine moins radieuse. Les uns montent pour en mettre plein la vue à leurs camarades restés au pays, les seconds grimpent pour nourrir leur famille. Les drapeaux flottent sur le Toit du Monde. La fierté d'appartenir à une nation. La nuit est radieuse ce soir. Je prends rapidement mon dîner dans la même salle que le groupe mais à l'écart, puis je sors. Le froid me paralyse le corps. Les étoiles sont de toute beauté, le ciel a la même limpidité que la barrière de corail australienne. Je marche un peu, une torche accrochée sur mon front. Tous les soirs, à la cité, on squattait le hall. Mieux que nos appartements trop exigus. Point de troquets branchés en banlieue. Quelques bars miteux mais qui fermaient à 21 heures. Paris avait ses règles, restait plus beaucoup d'endroits pour vivre sa jeunesse. Je continue à marcher dans l'obscurité éclairée par une lune entière. C'est l'heure du dîner, tout le monde profite de la chaleur qui règne à l'intérieur des pensions. Sur ma gauche, la colline que j'ai escaladée quelques heures plus tôt semble tellement différente ce soir. Je vois le sommet d'ici, un tout petit truc long de quelques mètres. Tous ces efforts, tous ces risques pour se retrouver seulement quelques mètres plus haut.

Samedi 12 avril, 8 heures du matin. C'en est fini de notre halte de deux jours à Dengboche. Les Australiens ont démarré sur les chapeaux de roues. J'ai à peine eu le temps de m'étirer. Je me suis mis à l'arrière en essayant tant bien que mal de suivre ce rythme effréné. Nous empruntons un chemin raide qui mène tout en haut d'une colline. De là, une pente douce doit nous conduire à Tukla, avant de rejoindre Logboche, notre destination finale. La piste s'élargit puis se rétrécit. Des rochers pendent au-dessus de nos têtes. Devant nous, des marcheurs peinent, à la limite de l'abandon. Je monte avec courage en pensant aux gens que j'aime. La matinée est belle et ensoleillée. Le vent ne souffle pas. Au bout d'une demi-heure, je dois marquer une pause pour enlever ma veste. Les autres ne s'arrêtent pas pour m'attendre et je les vois s'éloigner. Je bois une large gorgée d'eau, je dois fournir un gros effort pour pouvoir les rejoindre. Personne ne parle. Devant moi, Christian garde la tête baissée, son souffle est saccadé. Je veux lui proposer de s'arrêter et d'aller à notre rythme. Rien ne presse et nous avons l'intention de nous arrêter à Logboche, à quelques heures de marche de là. Mais je continue et je ne dis rien. Montrer aux autres que j'ai le niveau pour les suivre. Mes cuisses commencent à hurler, mes bras sont en compote, mon cœur en perdition. Je m'accroche. J'ai le regard fixé sur le dos de Todd. Je commence à voir flou. À bout de forces, je dois m'arrêter.

C'est à ce moment que James déclare une halte, il faut quand même penser à casser la croûte. Nous étions à Tukla. Le temps de déjeuner et nous sommes repartis. Devant nous, s'érigeait une côte très pentue. Elle culminait à 4 750 m. Le chemin était bondé de marcheurs causant des embouteillages. La montée était difficile. De loin, le moment le plus ardu depuis le début du trek à Lukla. Nous sommes arrivés en haut de la colline épuisés. Après avoir repris notre souffle, nous nous sommes recueillis sur le monument dédié à toutes les victimes qui avaient péri sur ces routes.

À Logboche, les locaux ont attendu qu'il n'y ait plus d'Occidentaux dans la salle pour sortir les verres en plastique et pour les remplir de bière. Ils voulaient être entre eux pour savourer ce moment unique, loin des regards des touristes. Ils ont commencé à s'embrasser et ont trinqué à un avenir meilleur. Plus tôt dans la soirée, les Népalais n'avaient pas décollé les oreilles de la radio, dans l'espoir d'un dénouement heureux. La journée avait été riche en émotions : les rumeurs donnaient les maoïstes vainqueurs, mais la prudence était de mise, tant que ce n'était pas fait. J'ai pu rester avec eux, j'avais des origines tiers-mondistes. Tous les employés sont sortis de la cuisine. Les maoïstes allaient être majoritaires au Parlement, de fait le poste de Premier ministre leur reviendrait. La victoire était totale. Ces élections mettaient fin à 239 années de monarchie. La seule royauté hindouiste du monde allait devenir une République. Ce changement radical avait été possible après les vagues de manifestations survenues au printemps 2006, qui avaient ébranlé tout le pays. Les protestataires se battaient pour que le roi renonce à ses pouvoirs absolus. C'était soirée de gala. J'ai pris un verre et porté un toast. J'ai crié Vive le Népal libre. La patronne a souri, j'ai félicité tout le monde. Un Occidental est venu se plaindre du bruit. Le lendemain, lui, comme tant d'autres, avait prévu un départ à l'aube. La vie basculait pour des millions de Népalais et j'étais heureux de pouvoir partager avec eux ce moment d'intense bonheur.

Cliff est de dos. Assis en tailleur, il discute avec un Népalais. Il se retourne d'un coup. Sa main s'agite. Notre groupe est au complet. Juste avant d'arriver au camp de base, nous nous sommes arrêtés pour attendre les deux retardataires. Nous voulions arriver tous ensemble. Pour l'image. Belle hypocrisie. Cliff sourit, nous demande si tout s'est bien passé. Un Australien prend la parole. Le chef est rassuré. J'ai droit à un clin d'œil de sa part. Ensuite, il nous montre une grande tente jaune. Il y en a une autre de la même taille pour d'autres membres de l'expédition. La tente jaune était le lieu où l'on se restaurerait : la tente-mess. Quand nous entrons, des gars sont déjà là à discuter entre eux. Deux Hongrois, deux Sarko-boys, se présentent les premiers : le plus jeune a des cheveux longs ramenés en queue-de-cheval et des lunettes rondes

*plaquées sur ses yeux, le second, un quinquagé-
naire, crâne dégarni, porte avec classe une barbe
blanche. Les deux tentent l'ascension sans oxygène.
Assis à leur droite, un Sud-Africain, qui pourrait
faire tomber en un clin d'œil toutes les nanas de la
terre. Corps athlétique, belle tignasse dorée, sourire
de cinéma, le trentenaire travaille comme médecin
dans un hôpital. Exilé à Londres, même s'il ne me
l'a pas avoué, j'ai cru deviner (peut-être que je me
trompe) qu'il avait fui l'Afrique du Sud à cause
du changement de couleur à la tête de la nation
arc-en-ciel. En face de lui, deux Américains ; le
premier, tout juste la vingtaine, cheveux très
courts, sourire brillant, raconte qu'il est encore
étudiant et qu'il vit dans une petite bourgade du
sud des États-Unis. Là-bas, tout le monde suit son
périple avec intérêt. Son compatriote, la quaran-
taine, est l'un des meilleurs alpinistes américains
toujours en activité. Intégré dans le groupe pour
les repas et la logistique, j'allais me rendre compte
plus tard qu'il la jouait perso et partait grimper en
solitaire. Je sens les Australiens tout de suite très à
l'aise. Je m'assois avec eux, le Sud-Africain m'offre
un thé.*

Nous avions tous une tente individuelle. Perché à 5 300 m, l'immense camp de base était installé sur une rivière gelée, au pied du glacier du Khumbu. Des dizaines d'expéditions venues des quatre coins du globe avaient débarqué ici. Les cinq cents tentes, comme autant de champignons multicolores, dormaient sur des rochers, en équilibre précaire, et contrastaient avec le blanc immaculé qui nous entourait. Des montagnes démesurées nous entouraient. D'ici, on apercevait la célèbre crevasse de glace, passage incontournable pour atteindre le camp numéro un. Pour cette première nuit, je ne dormis pas. Mes yeux étaient clos mais l'esprit restait en alerte. J'avais été surtout obligé de me réveiller plusieurs fois pour faire mes besoins. J'avais dû me mettre à quatre pattes pour pouvoir pisser dans une gourde. Boire de l'eau était essentiel, cela permettait d'éviter le mal de l'altitude, et de rester bien hydraté. En montagne, le corps perd beaucoup plus de liquide qu'en temps normal, alors l'eau, la valeur sûre. Lors de cette nuit sans sommeil, j'avais compris que c'était le début d'autre chose. Je sentais bien qu'à partir d'ici, les choses allaient se compliquer, qu'il allait falloir faire preuve de courage, de patience et d'abnégation. Devoir être vigilant. Nous étions à 5 300 m, au camp de base de l'Everest. Nouveau point de départ. La première partie du voyage, la plus facile, était terminée. Les marcheurs lambda redescendaient vers la vallée. Ici, les nuits étaient plus fraîches. Je dormais dans une tente au milieu des étoiles, le sac de couchage avait remplacé la couverture. Fini le trek, place à l'escalade. Je brûlais d'impatience de partir affronter la déesse des montagnes. J'avais surtout, je l'avoue, une grosse boule qui tapait comme de l'acier à l'intérieur de mon ventre.

Clara allait-elle redonner sa chance à Florent ? Pour l'heure, la jeune fille avait décidé de faire une pause. De laisser passer le temps. Pour réfléchir. Avec lui, elle avait mal et, sans lui, elle était mal. Aimer et être aimé en retour, c'est souvent l'Everest de beaucoup de gens.

La vie suivait son cours au camp. On n'avait reçu aucune indication sur la suite des réjouissances alors on prenait notre mal en patience. La nuit, les températures pouvaient atteindre les moins 30 ; le jour, on pouvait avoir plus de 20 degrés et se balader en t-shirt. Pendant ce temps-là, Cliff, big boss de l'expédition, était occupé à faire fonctionner un gros générateur, il tentait aussi de mettre en place une connexion Internet. Depuis mon arrivée ici, rien n'avait changé, il ne m'adressait toujours pas la parole. Comme s'il ne me connaissait pas, comme si les quelques jours passés ensemble ne signifiaient rien pour lui. De mon nouveau chez-moi, je voyais au loin la tente-hôpital, dirigée par des toubibs occidentaux, une mini-clinique concentrant le top de la médecine ; des seringues, des bandages, des médicaments dernière génération pour le mal de l'altitude et pour les autres bobos. Sur ma droite, pas très loin, il y avait la tente-boulangerie, des pains aux raisins, des croissants, et surtout une tarte aux pommes que tout le monde semblait apprécier, moi le premier. Notre groupe, composé de quatorze membres, disposait d'une tente-cuisine, de deux tentes-salle à manger. Une équipe de quatre sherpas, dont Manisha, la jeune femme rencontrée à Orsho quelques jours plus tôt, s'occupait des repas. L'eau remontée de la rivière était placée dans de grosses marmites bouillantes. Une fois potable, elle servait pour le thé, le café, on la versait également dans des gourdes que nous déposions dehors, enfouies sous la neige, en attendant sagement que l'eau refroidisse pour pouvoir enfin la boire. Nous disposions de jeux de cartes, de jeux de société, un scrabble et un trivial pursuit. La vie au camp ressemblait à une colonie de vacances. Après quelques jours ici, malgré ce paysage grandiose et propice à la liberté, j'avais l'impression d'être dans une chambre d'hôpital : tu as un semblant de confort mais il te manque le principal, la possibilité d'aller où tu veux, quand tu veux.

Je vais changer de tente-mess. Je n'en peux plus des Australiens et de leurs railleries. Ils passent leur temps à critiquer et ne semblent pas du tout apprécier ma présence. Dans la deuxième tente, les Britanniques sont majoritaires. Ils sont plus âgés. Tous ne tentent pas l'ascension. Il y a parmi eux Charlotte et Ron, deux journalistes qui suivent pas à pas le périple de Ranulph Fiennes, le plus grand explorateur encore en vie en Angleterre. Chaque jour, ce couple — au cœur et au charbon — met en ligne des vidéos de l'aventurier, publie des textes ainsi que des photos. Réservés, ils me font une bonne impression. Ranulph a déjà échoué une première fois. Il s'agit donc de sa seconde tentative sur l'Everest. Il y a également Franck. Un toubib. Très affable, son anglais est celui d'un homme cultivé, chaque mot est pesé. Il comptabilise déjà deux échecs. Il est venu ici en compagnie de trois autres gars : John, un ancien marine, frôlant le mètre quatre-vingt-dix, une bête physique. Deux heures trente sur marathon. Très longiligne, il a le regard de l'homme déterminé et sûr de lui. Comme Ranulph, il a déjà loupé une première fois l'ascension de la plus haute montagne du monde. Le troisième larron, Terry, comme moi, fait son baptême du feu sur la neige de l'Everest. Il a toujours vécu à Liverpool, la ville ouvrière du nord de l'Angleterre, célèbre pour son club de foot et son groupe de rock (les Beatles). Il semble très calme, peu loquace. Enfin, Nick, commissaire-priseur à Londres, chez Sotheby, la plus célèbre société de vente aux enchères. Il est un alpiniste expérimenté et tente l'ascension de l'Everest pour la première fois. Les quatre Anglais sont de fervents supporters du ballon rond. Ils m'ont immédiatement parlé de Zidane. De sa carrière et jamais de son coup de tête en finale de coupe du monde en 2006. Et puis, il y a moi, Nadir Dendoune, Franco-Algérien, journaliste, habitant de L'Île-Saint-Denis. Fier de son département, le 93. Fier de ce qu'ont accompli ses parents. Bien déterminé à ne rien lâcher.

Clara hésitait à prendre son téléphone pour appeler Florent. Quant au jeune homme, il passait ses soirées à l'attendre devant chez elle, caché derrière un arbre. Il regardait Clara rentrer sous le porche. Qu'elle était belle. Il l'aimait. Oh oui, il l'aimait. Ses amis avaient insisté pour qu'il la laisse tranquille. Ne pas la braquer, la laisser revenir. Depuis qu'elle l'avait quitté, le pauvre n'allait plus au travail. Plus d'appétit. Vidé. Sans elle, la vie était un sens interdit. Les séparations sont douloureuses.

Avant chaque grosse ascension, au camp de base, a lieu la « Puja », une cérémonie de prières bouddhistes pour honorer la mémoire des victimes et demander la bienveillance des dieux de la montagne. Les sherpas bâtissent un autel et installent leur univers mystique. Le « shorten », une pyramide de pierres plates, trait d'union entre la terre et le cosmos, est érigé face à la montagne. Il est surmonté d'un mas où convergent des drapeaux de prières. Chaque expédition organise sa cérémonie. J'étais au camp depuis deux jours quand nous avons organisé la nôtre. Vers 9 heures du matin, un lama a fait son apparition. On le fit attendre sur une chaise à l'ombre, on lui servit du thé accompagné de petits biscuits secs. Pendant ce temps-là, les sherpas, très croyants, s'activaient pour que tout soit prêt à l'heure : tandis que l'un accrochait des banderoles bleu-blanc-rouge, en signe de porte-bonheur, j'avais bien ri d'ailleurs, comme si le bleu-blanc-rouge pouvait porter chance dans une vie, un autre disposait des friandises sur le monticule de pierres. Ensuite, le religieux vint s'asseoir en face de la montagne, sur un long rocher plat, taillé comme une banquette. C'était une belle journée, une journée à se faire bénir. Tout le monde était là, assis autour du « prélat ». Plus tu étais important, plus tu avais le droit à une place proche du guide spirituel. Cliff était directement sur sa gauche. Venaient ensuite ses assistants, puis tous les alpinistes occidentaux, y compris les tiers-mondistes du groupe, comme les Sarko-boys. Plus loin et debout, les sherpas-grimpeurs, les sherpas-cuistos et les sherpas-serveurs. Personne n'aurait eu l'idée de zapper un tel événement. En offrande aux dieux de la montagne, chacun devait déposer à côté de l'amas de pierres un objet de son choix : un piolet, une paire de pompes, un mousqueton, des cordes. J'avais posé des crampons. La cérémonie s'est éternisée.

Le lama tournait les pages d'un livre en ruminant des sons incompréhensibles. De temps en temps, il balançait des grains de riz comme on le fait quand les jeunes mariés sortent de la mairie. J'étais assis à côté des Australiens, c'était, croyez-moi, la seule place que j'avais trouvée. Ensuite, on a eu droit à la bénédiction individuelle. Les drapeaux de prières flottaient désormais sur notre campement, tout était prêt pour commencer les ascensions d'acclimatation. Je me suis écarté, j'en avais pas envie. Ce genre de bénédiction me laissait sceptique. J'ai pris des pierres, je les ai balancées au loin. En tournant le dos à mes compagnons. À un moment, je me suis retourné. J'ai vu les autres recevoir la protection du lama. Le prêtre était sur le départ. Moment de doute. J'ai couru vers lui. Je lui ai tapoté l'épaule. Il m'a regardé, m'a donné un sourire. Je fus béni debout à l'arrache en trente secondes. Comme un mécréant.

Cliff était venu nous voir et avait balancé avec un large sourire : « Demain à 11 heures du matin, vous vous pointez devant ma tente, on va essayer le matos et on va voir ce que vous avez dans le bide. » Les crampons et la paire de chaussures de montagne ne faisaient pas de moi un alpiniste. Cliff m'avait rassuré. Il me prêterait le reste du matériel. Le harnais, qu'on appelle également baudrier, était l'un des accessoires les plus importants pour un alpiniste : celui que m'avait donné Cliff présentait deux boucles porte-mousquetons où on pouvait accrocher une douzaine de paires de ces objets. Le baudrier sert également à répartir les chocs en évitant les traumatismes quand la corde arrête brutalement une chute. Muni d'un doigt mobile permettant son ouverture, le mousqueton est un anneau métallique qui sert d'intermédiaire entre le point d'assurage et la corde. Mes compagnons étaient très bien équipés. Je faisais Leader Price à côté. Un soleil tendre brillait sur nos têtes. Je me suis dirigé vers la tente du grand manitou. Cliff a demandé à toute l'équipe de s'habiller. Un blanc a traversé ma tête, une perte de mémoire, je ne savais plus comment me préparer. J'ai regardé les autres pour obtenir de l'inspiration. Mes compagnons allaient trop vite. Ça s'enchaînait trop bien, on aurait dit que leurs mains étaient enduites d'huile. J'aurais voulu leur demander de faire cela par étapes, un à un les mouvements, découpés les gestes. En deux minutes, ils avaient terminé. Ils étaient prêts. Je n'avais pas commencé. Un des Anglais m'a regardé. Il a remarqué ma galère. Il est venu et, sans un mot, m'a habillé. Maman m'énervait parce qu'elle me fermait toujours le blouson jusqu'au menton, j'avais du mal à respirer après. Elle craignait que son fiston prenne froid. Il y a deux semaines, elle avait mis des fruits et un paquet de biscuits dans un sac plastique. Elle me l'avait filé alors que je courais vers l'aéroport. Cliff finissait de défaire les nœuds d'une corde. Puis il a relevé la tête et, en constatant que chacun était saucissonné bien comme il faut dans son équipement, il a donné le top départ.

La paroi mesurait à peine dix mètres. Pas de quoi en faire une montagne. Cliff a grimpé le premier. Posté en haut, le bonhomme attendait que nous nous lancions à notre tour. Avec toute l'élégance qui me caractérise, j'avais proposé de passer en dernier. Le premier à s'élancer fut James, le médecin australien. Il tira la corde à lui, la fit passer dans un jumar, un machin métallique en forme de huit, enfonça ses crampons dans la glace et ouvrit le bal. Cliff regardait avec attention, prêt à dispenser ses conseils. Le coach félicita le toubib. Les relais entre mes compagnons s'enchaînaient très bien. Cliff était satisfait de la tournure des événements. Le ciel était resplendissant. J'ai levé la tête vers Cliff. La pente, toute recouverte de glace, était minuscule. La même taille que les arbres qu'on escaladait petits à la cité. On venait de voir Tarzan à la télé et on faisait de l'imitation. Un jour, un copain était tombé dans la Seine, une branche qu'il avait essayé d'attraper s'était rompue. On ne savait pas quoi faire. Désarmés. Un grand du quartier qui promenait son chien nous avait sortis de la daube. Ici, j'étais tout seul. Ce n'était plus un jeu. Comme l'avaient fait mes homologues alpinistes, j'ai enroulé le mousqueton dans la corde. Je fis le même geste avec le jumar. Bien parti. Derrière moi, mes compagnons observaient un silence de cimetière. Cliff était impassible. J'ai tapé un grand coup avec mes crampons sur la glace. Ma tête regardait le haut de la pente. Ensuite, j'ai tiré la corde vers moi de toutes mes forces pour pouvoir me hisser. La manœuvre ne marchait pas. J'ai essayé plusieurs fois. Je retombais toujours en arrière. J'avais dû louper un épisode. Je suis mauvais dans la concentration, toujours à penser à dix mille trucs en même temps. Cliff hurla. Pas beau à entendre. Je le vis descendre. Furieux. Il m'arracha la corde de mes mains, se calma une minute, avant de me montrer la procédure à suivre.

Je regarde bien ses gestes pour que la mémoire revienne, pour que l'automatique remplace le manuel. Je finis par m'élever d'un mètre. Déjà épuisé. Cliff est à deux doigts d'exploser. Les autres restent stoïques. Gênés. Je tire sur la corde, je plante les crampons dans la glace et j'essaie de hisser mon corps. En vain. Je n'en peux plus. J'ai tout oublié de l'alpinisme. Cliff redescend. Il s'empare de la corde pour la raccourcir. Ensuite, il juge que mon harnais est trop lâche. La chaleur commence à m'envahir. Je me sens seul. Très seul. Je ressemble à un tocard. Alors, j'appelle ma fierté et je lui demande de m'aider à relever la tête. Putain de bordel Nadir, tu peux le faire ! Je tape un grand coup sur la glace avec mes crampons. Je les sens s'enfoncer comme du plâtre pas encore sec. Je prends une large respiration et je pousse très fort sur la ficelle. Enfin, je grimpe. En haut de la pente, Cliff me regarde. Il hoche la tête en signe de désolation. Je devine ses pensées. L'Everest culmine à 8 848 m. Je plante mon regard dans ses yeux pour qu'il comprenne que je vais me battre jusqu'au bout.

Je devais redescendre. Cliff avait exigé, une fois arrivés au pied de la paroi, que je recommence. Mes compagnons avaient passé le test avec succès et étaient libérés. Le coach, après s'être énervé un bon coup, avait retrouvé son calme. Il avait dit On ne quitte pas cette voie tant que tu ne la maîtrises pas. J'ai enlevé un mousqueton de la corde et Cliff a poussé un cri aigu. J'ai été étonné de sa réaction. Toujours avoir deux sécurités, m'a-t-il asséné. Ensuite, j'ai donné du lest à ma ficelle, je descendais comme Spiderman. J'ai fait l'ascenseur une vingtaine de fois. La mémoire de l'alpinisme commençait à revenir. Cliff m'encourageait. Le soleil était sans pitié. Je transpirais. Des traces de soucoupes volantes se formaient sous mes aisselles. Au début, j'avais du mal à gérer le rythme de mon souffle. Ma respiration était désormais régulée, en harmonie avec la vitesse à laquelle je grimpais. J'ai regardé Cliff. J'avais besoin de voir son regard, pour savoir s'il ressentait de la fierté pour son poulain. Un jour, chez mon père, alors que je cherchais un avis d'imposition, j'étais tombé sur une chemise bleue en carton. Elle contenait tous les articles de presse me concernant. Les papiers étaient rangés à l'intérieur de pochettes en plastique. Papa les avait tous conservés. Pourtant, il ne m'avait jamais vraiment félicité de vive voix pour mon parcours. J'étais suspendu dans les airs et je pensais à mon père. J'ai entendu Cliff s'égosiller. J'étais plongé dans mes souvenirs. Il est descendu à mon niveau pour me dire que j'avais bien travaillé et qu'il était temps d'aller déjeuner. J'ai souhaité rester encore un peu mais il a refusé. Pour Cliff, je n'étais pas encore prêt à grimper tout seul, même sur une paroi haute d'à peine dix mètres.

Ma mémoire est très sélective. J'ai eu de nouveau un blanc. Je ne savais plus si je devais passer la cordelette dans le jumar ou s'il fallait la mettre dans le mousqueton qui pendait sur mon harnais. Le lendemain matin du premier test, juste après avoir avalé mon petit déj, j'avais filé sur cette même paroi. Je m'étais hissé sans mal à son sommet. La veille avec Cliff, on avait répété les mêmes gestes. La nuit avait effacé cet apprentissage. J'étais bien embêté, je n'allais tout de même pas dormir ici, suspendu dans les airs, bloqué au dernier étage. L'heure du déjeuner approchait et les autres pouvaient sortir à tout moment de leur tente pour aller manger. J'ai penché ma tête en arrière, regard clos. Je voulais qu'ils croient que je profitais de l'instant, en pleine maîtrise de l'exercice. Ça sentait le roquefort moisi. Les nuages avaient déserté le ciel, le soleil était arrogant. Merde. À part tout débrancher et sauter dans le vide, je ne voyais pas comment regagner la terre ferme. Une corde célibataire pendait à deux mètres sur ma droite. Si je parvenais à l'attraper, je pourrais peut-être redescendre. C'était risqué mais je n'avais plus vraiment le choix. Au moment de tendre le bras pour la saisir, j'hésitai, j'avais peur que mes doigts glissent. La corde ne bougeait pas. J'ai entendu la voix du sherpa annoncer le déjeuner. La pente était à l'écart de notre camp mais pas à l'abri des regards. Je devais faire vite. D'un moment à l'autre, les autres sortiraient de leur tente. Mon corps était tendu comme un string. Mes doigts ont frôlé la corde. J'ai eu enfin une prise quand l'index enroula la cordelette. Puis, ce fut au tour du majeur... enfin de ma main. J'ai ramené la corde vers moi puis je me suis libéré en décrochant les mousquetons de la corde principale. Je me suis laissé glisser tout doucement sans attaches, enfreignant les lois basiques de l'alpinisme. C'était dangereux et irresponsable. Mais je ne pensais pas à la chute, je craignais juste que Cliff sorte de sa tente et qu'il ne soit déçu en me voyant agir de la sorte.

Il y a très longtemps, les sherpas étaient des éleveurs de yaks. Ils emmenaient paître leurs bêtes dans les hauts plateaux. Dans les années 20, les premières expéditions britanniques les engagèrent comme porteurs. Considérés longtemps comme des alpinistes de seconde zone, ils jouissent désormais d'une réputation digne de leur rang. Soyons honnêtes : sans eux, la plupart des alpinistes occidentaux n'atteindraient pas le sommet de l'Everest. Sans ses immigrés, la France ne fonctionnerait pas. Les sherpas installeraient progressivement quatre camps à 6 000 m, 6 400, 7 300 et 8 000 m. Sur place, ils devaient déposer des bouteilles d'oxygène, des réchauds de cuisine, une quantité non négligeable de nourriture. Depuis hier et mes soucis avec la paroi, j'avais décidé d'aller demander de l'aide aux sherpas, pour que l'un d'entre eux m'aide à pallier mon Alzheimer. La technique n'était pas bien loin en vérité. J'étais certain qu'elle était enfouie quelque part à l'intérieur de mon cerveau. Qu'il suffisait juste de la stimuler un peu. Un peu de Viagra de la montagne ne me ferait pas de mal. Bijay avait accepté de m'entraîner. Ce sherpa, comme chez le lama, s'est révélé une nouvelle fois très pédagogue. Patient et souriant dans l'apprentissage. On a démarré avec les bases. D'abord bien enfiler mon matériel. J'ai passé toute la journée à jouer la strip-teaseuse. À la fin de la matinée, installer le baudrier et les crampons n'avait plus aucun secret pour moi. Le deuxième jour, nous sommes allés sur la fameuse paroi. Deux heures plus tard, je savais à peu près comment positionner mes jambes, mes bras et ma tête. Je commençais à ressembler à un véritable alpiniste. Tout devenait automatique. Je rigolais, fier et heureux. J'avais de moins en moins l'impression d'être un tocard. Ne restait plus qu'à m'accrocher.

Hier soir j'ai rêvé de maman. Elle pleurait. Elle était assise sur le canapé, les mains sur ses yeux. Mes sœurs l'entouraient. Les cousines étaient également présentes pour la soutenir. Mon père était affalé sur une chaise, sa canne dans les mains. Son regard disparaissait dans le vide. Alain, mon meilleur ami, avait pris le train de Perpignan. Jan, Youcef et Gilles avaient débarqué d'Australie. Un cadre avec ma photo était posé sur la table. Ma mère regardait mon visage et ses larmes coulaient comme des cordes le long des mousquetons. Les voisins affluaient. J'apercevais certaines personnes que je n'avais pas vues depuis des lustres. Une veillée funèbre. La sonnette retentissait toutes les deux minutes. En bas, la cage d'escalier était bondée. Mon père s'est réfugié dans sa chambre pour se reposer.

J'étais sur le seuil de la porte de l'appartement et j'essayais de pénétrer à l'intérieur. En vain. Des types passaient devant moi et je n'arrivais pas à les suivre. Tout d'un coup, je me suis retrouvé au sommet de l'Everest. Le vent aspirait tout sur son passage. Le sherpa gueulait à corps perdu qu'on devait redescendre. Je restais figé. Ensuite, mon guide est parti, me laissant seul. J'ai avancé d'un pas. Je ne voyais pas à un mètre. Je mettais mes bras devant moi à la recherche de la lumière. J'ai trébuché sur un caillou et j'ai senti que je tombais dans le vide. Mon cœur a fait l'ascenseur. J'ai crié. Je ne voulais pas mourir. J'essayais d'ouvrir les yeux, pour sortir de ce cauchemar. Et revoir mes parents me sourire.

Je suis resté pendant de longues minutes les yeux ouverts, j'avais peur que ce rêve atroce ne resurgisse. La nuit campait toujours. J'essayais de reprendre ma respiration. Je transpirais. Toujours vivant mais terrifié. Je voyais le visage momifié de maman, le regard éteint de papa. Pour la première fois, je réalisais le danger de cette expédition. Peut-être était-ce un signe ? La journée avait été plutôt bonne. J'avais été

capable de redescendre de la paroi d'entraînement. Mais peut-être n'avais-je pas ma place ici.
Était-il préférable que je plie bagage et que je
rentre chez moi ? Étais-je au niveau ? Pouvait-on
prendre le risque de mourir pour une
montagne ? J'étais prêt à donner ma vie pour
maman, pour mon père, mais est-ce que j'étais
prêt à tout pour atteindre la plus haute
montagne du monde ? Je pensais à tout ça et
j'avais le cœur qui roulait aussi vite qu'une
Ferrari. Putain, je flippais. J'ai ouvert la fermeture de ma tente. J'ai glissé ma tête au-dehors.
Il faisait nuit mais le ciel, couvert d'étoiles, éclairait le camp. Malgré le stress, mes yeux ont
commencé à peser très lourd. J'ai fini par me
rendormir.

Cliff ne comprendrait pas trop le revirement
de situation, il serait surpris, sans doute déçu.
Mon sac était bouclé. Il était 10 heures du
matin. Après le cauchemar de la veille, au petit
déjeuner, je n'avais pu avaler qu'un verre de thé.
La mort faisait trop vraie. Un signe : si je continuais, j'allais y rester. Je devais aller voir Cliff,
lui expliquer mes états d'âme. Lui dire que je me
barrais, que je ne voulais pas crever ici. Le coach

était occupé à essayer de faire fonctionner la connexion Internet. Après une semaine passée au camp de base, le générateur merdouillait toujours autant. Cliff me regarda et je n'eus même pas le temps d'ouvrir la bouche qu'il me fit un signe de la main pour signifier qu'il ne pouvait pas me voir maintenant. J'avais une boule qui se baladait à l'intérieur de mon ventre.

Je ne suis pas du genre à croire au hasard. Et pourtant. Les chiottes sont plutôt bien foutues, placées juste à côté des tentes-salles à manger. C'est une mini-tente tout en hauteur et très étroite, juste la place pour faire ses besoins. Je m'y installe. Très vite, des bruits de pas se font entendre. Plusieurs personnes viennent dans ma direction. Leur présence me stresse davantage. Mon estomac a besoin de sérénité pour pouvoir lâcher du lest. Les pas s'arrêtent. J'ai peur que quelqu'un n'ouvre la mini-tente et me découvre nu et accroupi. Je suis prêt à me signaler en sifflotant. Finalement, personne ne s'approche. Je reconnais la voix de James en pleine conversation avec son frangin. Todd ne doit pas être loin. Le médecin raconte deux-trois bricoles sur Cliff. Des choses pas très maoïstes. Je comprends alors qu'ils se sont mis à l'écart pour pouvoir déblatérer entre eux, loin des oreilles indiscrètes. Ils ne peuvent pas me voir : la tente-WC est fermée, on ne peut pas distinguer mon ombre. Même pas mon bruit et mon odeur. Les Australiens ont décidé de passer tout le monde en revue. Chacun en prend pour son grade. Puis vient mon tour. James se met à rire.

— Ah ! Ce Nadear !

Je m'entends qualifier d'« arnaque ambulante ». Ils ne donnent pas cher de ma peau. Lachlan déclare ensuite que de toute façon je ne resterai pas longtemps, qu'à la première grosse difficulté, je prendrai mon paquetage pour rentrer au bercail. Il finit par me traiter de baltringue. Pour lui et les autres, les Français sont des lâches arrogants. C'était vrai, mon sac était prêt. J'avais décidé de partir. J'étais donc un lâche : ils avaient raison. Un cauchemar et hop je me barrais. Quel courage ! J'avais croisé la mort la nuit dernière. Mais ce n'était qu'un rêve. Ni plus, ni moins. Quelle signification donner à tout ça ? Mon orgueil en avait pris un coup. Plus question d'abandonner.

Depuis mon arrivée au camp, je n'avais pas trouvé deux minutes pour pouvoir reprendre l'histoire de Clara et Florent. Pas eu le temps d'ouvrir ce feuilleton à deux roupies. Plusieurs jours sans savoir où en étaient nos deux héros. La légèreté de l'intrigue faisait descendre la pression. La jeune fille avait fini par rappeler Florent. Pour le revoir. Pour connaître l'état de ses sentiments. Au début de leur séparation, son absence l'avait ébranlée. Plusieurs fois, elle avait saisi le combiné de son téléphone. Puis, elle s'était ravisée : le laisser mijoter, le faire souffrir. Quel scénario original ! Clara lui avait donné rendez-vous dans le bar où ils s'étaient rencontrés la première fois. Elle portait une belle robe et s'était aspergée de parfum. À mon avis, Florent n'était pas au bout de ses peines. J'ai fermé le livre. Il était 8 heures et, comme chaque matin, le soleil transformait la tente en sauna. Tous les jours, à cette heure, un sherpa cognait avec un rouleau à pâtisserie sur un saladier, en gueulant « Breakfast ready ». Une fois le petit déjeuner avalé, la plupart des membres du groupe retournaient dans leur tente se reposer. D'autres faisaient leur lessive. Certains restaient pour discuter. Ranulph Fiennes, l'aventurier britannique, aimait le scrabble et moi aussi. Ça me rappelait des tas de choses. La salle des jeunes, au pied de la cité Maurice-Thorez. C'est grâce à ce jeu que j'avais compris l'importance des mots. Ce matin-là, je me suis assis face à l'explorateur. Nous étions seuls et profitions du silence pour réfléchir. Ranulph était quelqu'un de très humble, pourtant il était le premier homme à avoir traversé l'Antarctique à pied, le premier également à s'être rendu aux pôles Sud et Nord par la terre. On raconte qu'il aurait lui-même scié le bout de ses doigts gravement gelés lors d'une expédition. Je me sentais bien avec lui. Ce qui n'était pas le cas avec d'autres. Avec les Australiens (à part avec Christian), les relations étaient devenues exécrables, tellement mauvaises que j'avais décidé de ne plus leur adresser la parole. Mon camarade a sorti le scrabble. J'avais des lettres foireuses, deux x, un z et deux t. Va faire un mot avec ça ! Salah, lui, en aurait trouvé un sans problème et aurait marqué un maximum de points. Il était un crack. Ranulph a pris très vite de l'avance. J'ai regardé mon jeu putain, c'était pas la joie ! Je faisais des mots de trois lettres. L'explorateur affichait un sourire narquois. J'ai pu me débarrasser des consonnes encombrantes et j'ai eu plus de veine au tirage suivant. Ranulph a déposé « the » sur le plateau et je me suis foutu de sa gueule. Le vent tourne ! J'avais désormais deux i, un d, deux t, un y, deux e, un n, et le mot « identity » est apparu. J'ai posé « identité » sur la table. C'était bien la première fois que je marquais un maximum de points avec ce terme : j'avais même droit au mot compte triple ! Mon retard a diminué comme peau de chagrin. Mon adversaire perdait pied. Il ne restait plus que quelques coups à jouer. Les lettres s'épuisaient. J'ai soufflé de dépit.

— Je passe mon tour. Ranulph a posé un mot, un bon mot, et il marqué un joli score. Désormais, il avait trente points d'avance. Finalement, il a pris les cinq dernières lettres.

Ma mère, Bekka Messaouda, à 74 ans.
Avec mes trois sœurs, elle a rejoint mon père
à L'Île-Saint-Denis en juillet 1960.

Mon père, Mohand Dendoune, à 82 ans.
Il est arrivé à Saint-Ouen en janvier 1950.

Mes parents et moi, leur fils Nadir,
dans leur appartement à la cité Maurice-Thorez.

Vue sur Lukla, point de départ de notre expédition. Notre marche commence par une descente vers la vallée de la Dudh Kosi.

Pour approvisionner les villages inaccessibles par la route, les sherpas transportent d'impressionnantes charges de marchandises.

Tout alpiniste qui tente l'ascension de l'Everest reçoit la bénédiction du lama.

Camp de base, la tente-mess. Au premier plan, Franck, un toubib anglais.
C'est sa troisième tentative sur l'Everest. Ce sera la bonne…

Quelques jours avant mon départ, les moines tibétains se révoltent à Lhassa,
déclenchant la colère du régime chinois. L'armée népalaise, mandatée par Pékin,
passera régulièrement nous rendre visite…

Camp de base, par une nuit de pleine lune.

Depuis le camp de base, on peut voir l'itinéraire jusqu'au sommet de l'Everest.

Chaque jour, je m'entraîne sur cette paroi afin d'acquérir les automatismes que je n'ai pas encore.

Tout au long du chemin bardé de crevasses, les sherpas ont disposé des échelles. Elles sont retenues par de simples bouts de ficelle.

À *gauche :* un Ice-Doctor. Ce sont les sherpas qui s'occupent de fixer les cordes le long du parcours. Régulièrement, ils reviennent pour vérifier leur solidité.
À *droite :* le camp 1 est juché à 6 000 m d'altitude. Au loin, droit devant, le Lhotse : quatrième plus haute montagne du monde, culminant à 8 516 m.

Camp 1 (6 000 m) - camp 2 (6 400 m).
La pente est assez douce, comme un faux plat, mais elle est longue et usante.

En plein cœur de l'Ice Fall, une impressionnante cascade de glace qui s'étire sur 700 m.
Au loin, de gros blocs de glace, pouvant atteindre les 25 m, bougent au rythme du glacier.

À la sortie de l'Ice Fall, passage obligé pour atteindre le camp 1. Nous ferons le trajet plusieurs fois.

Nous venons de quitter le camp 3. Il nous reste 500 m de dénivelé
pour atteindre le Col Sud, où se trouve le camp 4 (8 000 m).

Nous arrivons enfin au Sommet Sud, petit dôme de glace
et de neige niché à 8 700 m d'altitude.

Sur le célèbre ressaut Hillary (8 760 m), la dernière difficulté. Le sommet se trouve juste derrière ce mur de roche de 12 m de haut.

La vue à 8 848 m d'altitude. Plus bas, les sommets de 6 000 et 7 000 m apparaissent si petits…

Après sept semaines d'expédition, à bout de forces, je brandis fièrement sur le Toit du Monde un cœur en carton, siglé 93, le département de ma naissance.

Cinq jours après avoir atteint le sommet de l'Everest. Il me faudra plus de trois mois pour récupérer.

On allait enfin découvrir l'Ice Fall. Le seul chemin qui emmène au camp 1. Une impressionnante cascade de glace qui s'étire en hauteur sur 700 m avec tout le long des crevasses : certaines d'entre elles pouvant atteindre une profondeur de 200 m. L'Ice Fall était considérée par les alpinistes comme la partie la plus complexe à appréhender. La veille, Cliff avait formé les groupes. Nadear avec les Australiens. La poisse ! La lune squattait toujours le ciel. À peine 4 heures du matin. Je me suis étiré le dos, les jambes, les bras, les épaules, un accident musculaire est vite arrivé. Les autres tentes ronflaient. Au loin, de gros blocs de glace pouvant mesurer jusqu'à 25 m de haut bougeaient au rythme du glacier et pouvaient s'en séparer à tout instant. Sur le chemin qui devait

m'emmener au pied du glacier, j'ai failli me
rétamer plusieurs fois mais je suis resté debout,
ce n'était pas le moment. Après cinq minutes
de marche, on faisait face à notre adversaire. J'ai
mis un genou à terre pour installer le premier
crampon, avec encore quelques difficultés.
Pourtant, je m'étais entraîné toute la semaine.
Mais entre l'entraînement et la réalité... Les
autres avaient déjà les deux crampons fixés sur
leurs chaussures. Cliff m'a regardé pour que je
me dépêche. J'ai perdu l'équilibre en fixant le
deuxième crampon. La honte ! Je me suis relevé
et je n'ai regardé personne.

Surtout, ne jamais regarder vers le bas. Tout
au long du chemin bardé de crevasses, les sherpas
avaient disposé des échelles. Elles étaient accrochées avec de simples bouts de ficelle. J'étais pas
rassuré. Tout ça me faisait penser à un château
de cartes. Les autres se sont lancés. J'ai épié leurs
gestes, scruté la façon qu'ils avaient de poser
leurs pieds sur l'échelle. Cliff était posté de
l'autre côté. Je me suis lancé. J'ai accroché deux
mousquetons, un de chaque côté. Il y avait deux
cordes étendues en longueur. Je marchais tout
doucement comme sur des œufs ou des charbons

ardents, au choix. La première échelle n'était pas très longue. J'essayais de ne pas croiser le regard de Cliff ni les autres paires d'yeux moqueurs. La pression, mon frère. Arrivés de l'autre côté, on a continué notre chemin. La montagne était imposante, le blanc était de rigueur. De nombreuses échelles, disposées çà et là, venaient entacher la pureté du lieu. Impossible de franchir les crevasses sans elles. Je suivais le groupe. Le rythme de mon cœur s'est accéléré. Difficile de respirer à cette hauteur et d'enchaîner avec des gestes physiques. J'ai commencé à fermer les yeux. Ne plus analyser mes gestes. Oublier ma douleur. D'après les conseils de Cliff, le talon devait être posé en premier, les bras détendus. Surtout ne pas se précipiter. La stabilité me faisait défaut. J'ai pensé à l'instabilité de mon existence. Une heure plus tard, Cliff s'est arrêté et a ébauché un sourire. Il était content de notre prestation. Il fallait redescendre maintenant.

— Si vous croyez que c'était difficile de monter, attendez donc de redescendre, qu'il a balancé sur un ton ironique.

Le regard, c'est ce qui tue le plus. Les Australiens ne m'aimaient pas. Sauf Christian. Je m'étais habitué à leur froideur. Les gens vous aiment, parfois sans raison, ils vous détestent sans savoir pourquoi. Le feeling, quoi. Je restais dans mon coin. Notre but était le même : atteindre le Toit du Monde. Se faire des amis, pourquoi pas ? Mais ce n'était pas fondamental. Bien entendu, une bonne entente entre nous faciliterait notre ascension. On descendait vers le camp de base. Les échelles étaient toujours aussi brinquebalantes. Le groupe avait accéléré. Je suivais tant bien que mal. À plusieurs reprises, j'ai failli glisser. Je voulais qu'ils ralentissent, mais sans oser demander. Ma première prestation sur la paroi d'entraînement m'avait un poil refroidi. James était juste devant moi. Je crois que de tous, il était celui que j'aimais le moins. Il était arrogant. Ma mère a toujours détesté les « crâneurs ». J'ai voulu enlever une épaisseur de vêtements, je me suis ravisé : je craignais de perdre trop de terrain sur le groupe. Le soleil me frappait dans le dos. J'ai accéléré. Le chemin slalomait et le rythme était soutenu. Le docteur s'est arrêté net. Sans prévenir. Je n'ai pas pu freiner mon élan et mes crampons sont venus égratigner son pied. Je me suis excusé. Réflexe de politesse. Ma mère n'a jamais su parler très bien le français mais le truc du Merci, S'il vous plaît, elle avait trop bien capté et elle me reprenait toujours. Le médecin a hoché la tête, visiblement très mécontent. Il a remué sa jambe pour voir si tout fonctionnait comme avant. Je lui ai présenté une nouvelle fois mes excuses. Le complexe d'infériorité. Des souvenirs d'employés de la Poste ou de la CAF qui se moquaient de mes parents, qui les tutoyaient, qui leur parlaient comme à des demeurés, ont traversé mon esprit. Mon père et ma mère ne leur répondaient jamais, ils n'avaient pas les armes qu'il fallait pour se défendre. Ils avaient également la frousse qu'on les renvoie en Algérie : une facture arrivait et il fallait la payer dans la minute pour éviter les ennuis. J'ai pensé à leur posture de dominés. Elle avait déteint sur moi. La Colonisation avait réussi à persuader mes parents et tant d'autres qu'ils étaient des êtres inférieurs.

Clara était arrivée à la bourre au rendez-vous. La jeune fille pensait que c'était trop tard avec Florent. Son ancien amant aurait dû se réveiller plus tôt. C'était trop facile de regretter après. Tout le monde était comme ça. Le livre était épais. L'histoire était banale. En même temps, cette histoire parlait à tous. De l'amour à la haine il n'y a qu'un pas, chaussé de crampons ou non.

L'armée népalaise venait de débarquer au camp de base. Un peu comme si c'était chez elle. Trois militaires armés de kalachnikovs sont descendus de l'hélicoptère. Quelques jours plus tôt, des Américains avaient exhibé une banderole « Free Tibet, Fuck Chinese ». Ils avaient été éjectés du camp. Un militaire s'est approché de moi et avec un anglais tout flingué m'a demandé où se trouvait le chef de notre expédition. Il désirait s'entretenir avec lui. Ça semblait important. Je n'ai pas répondu. Les militaires, les flics, je ne leur donne jamais d'infos. Comme toujours, il y en a un qui finit par balancer, un baveux premier de la classe. Les militaires ont suivi la balance jusqu'à la tente de Cliff.

Cliff serre les mains avec le sourire, en bon diplomate, en regardant les militaires droit dans les yeux, pour le rapport de force, pour la lutte contre l'intimidation. Je m'avance pour pouvoir mieux entendre. Les autres du groupe sortent aussi de leurs tentes et nous nous retrouvons dehors à une vingtaine de personnes. Les militaires affichent un visage grave. Cliff adopte un air impassible. Un militaire, sans doute le boss, se met à parler. Son anglais ressemble à Halloween. En gros, il demande à ce qu'on lui remette tous nos appareils électroniques : les ordinateurs portables, les téléphones satellites. L'armée népalaise a reçu des instructions des Chinois : Pékin redoute que les alpinistes ne fassent du zèle, qu'ils affichent d'une quelconque manière leur soutien aux Tibétains. Il y a quelques semaines, les émeutes ont été durement réprimées par l'armée chinoise. À un moment, je ressens l'irrépressible envie d'aller m'entretenir avec l'un des militaires. Je me vois le prendre par le cou et faire un petit bout de marche avec lui. Là, je le regarde droit dans les yeux. Et je lui dis : Tu peux dormir tranquille, mon frère. Ce qui s'est passé avec les Américains ne se reproduira pas. Avec ces alpinistes-là, il ne se passera rien. Y a qu'une chose qui compte pour eux : leur nombril occidental.

Pour moi aussi, malgré mon empathie pour le peuple tibétain, seul m'importe le Toit du Monde.

Cliff tirait une façade de croque-mort, peu enclin à accepter les requêtes de l'armée népalaise. Il nous avait tous réunis dans la grande tente-salle à manger. Selon lui, on devait gagner du temps, il fallait négocier. Cliff avait promis aux militaires qu'il allait s'occuper de cette affaire dès qu'il aurait le temps. Botter en touche. Le reste du groupe était inquiet. Leur confort était en péril. Je n'étais pas préoccupé. Pour cause : à cause de mon petit budget, j'avais déjà dû emprunter une tonne de vêtements. Alors, un téléphone satellite, un ordinateur portable… ces technologies relevaient du luxe pour moi. Je me suis reculé en souriant. La revanche, mon frère. Depuis le départ de

Katmandu, je n'avais pas pu appeler ma famille. Le groupe disposait de téléphones satellites. Je n'avais pas osé demander. Personne ne m'avait proposé d'ailleurs. Chacun sa vie. J'en avais vu plusieurs s'entretenir avec les leurs. À chaque fois, le même soulagement, le même sourire gravé sur leurs visages. J'étais jaloux. J'avais envie d'entendre la voix de ma mère. J'en avais besoin. On croit qu'avec l'âge, on peut faire sans. La discussion s'éternisait. Cliff demandait aux autres de fournir un minimum d'équipement, histoire de calmer leurs ardeurs. Une fois dehors, j'ai levé la tête au ciel. Au loin, les versants de glace étaient splendides. J'ai regardé l'heure. Mes parents venaient de finir de déjeuner.

Je ne sais pas si cela est vrai mais certains disent que quand on a été voleur, on l'est pour toujours. Qu'on peut s'arrêter un petit bout de temps, mais que le naturel n'est jamais vraiment loin. Je ne crois pas que cela soit vrai pour tout le monde. Ça me foutait les boules de les voir tous avec leur téléphone satellite, ça me foutait les boules de les voir le soir apaisés dans la tente-salle à manger. Ils venaient de parler avec leur

125

nana, avaient entendu leur gamine leur dire Papa je t'aime, tu me manques, reviens vite, et bien que la nuit soit tombée sur le camp de base, le soleil continuait à briller dans leurs cœurs. Ça faisait maintenant deux semaines que je n'avais pas parlé à ma famille. Je les avais prévenus : Où je vais, ça m'étonnerait que je puisse vous appeler, mais j'essaierai si je peux. Histoire de les rassurer. Officiellement, je partais au Népal, pour un trek, une marche de quelques semaines, sans danger, aucun risque, la balade des gens heureux. Personne ne savait pour l'Everest. À quoi bon inquiéter les gens qui vous aiment ? Ma mère deviendrait loufoque si elle savait pour mon projet. Le danger que cela représente de gravir la plus haute montagne du monde. J'ai été voleur. Je ne le suis plus. Je l'ai été pendant longtemps. Bien plus longtemps que vous ne pouvez l'imaginer. Comme une ex qui vous bouffe la tête. Je voulais entendre la voix de ma mère, je voulais l'entendre me remercier comme elle faisait toujours après que je lui disais au revoir et gros bisous. Je lui disais Je te fais des bisous et elle, elle me répondait Merci ! J'aurais pu demander à l'un des membres du groupe de me prêter un téléphone pour l'appeler. Une minute, juste quelques mots d'elle en kabyle, quelques mots d'elle en français avec son accent de Barbès-Rochechouart. J'aurais pu mais je n'osais pas. Je m'étais senti dès le début mal à l'aise. Je n'étais pas dans mon monde. Cliff me décevait beaucoup. Je comptais sur lui pour me rassurer. Pas un mot, pas un geste d'encouragement. J'avais besoin de lui. Plusieurs fois, je m'étais approché de sa tente pour pouvoir bavarder avec lui. En vain. Pourtant, avant son départ d'Orsho, il s'était confié et, pendant un moment, j'avais cru que nous pouvions devenir amis. Visiblement, je m'étais trompé. Alors, je restais souvent seul dans mon coin, dans ma tente, à écouter de la musique, à bouquiner, à attendre que les jours passent. La solitude c'était mieux que pas bien ensemble. Je n'osais pas demander qu'on me prête un téléphone alors je me suis résigné à en emprunter un. Il était en charge, je pouvais le voir de ma tente, il était tout seul à reprendre des forces. C'était l'heure du repas et tout le monde attendait que les sherpas amènent la soupe. Je me suis levé. Même pas regardé à droite et à gauche comme je le faisais gamin en entrant dans les magasins pour aller voler. Je l'ai saisi de la main droite, il s'est laissé faire. Il s'est débranché comme ça sans opposer aucune résistance, il savait que c'était pour la bonne cause, que j'avais vraiment besoin de lui. Je me suis éloigné pour être à l'écart, pour pouvoir appeler en toute tranquillité. La nuit était très fraîche. J'ai enlevé mon gant droit. J'ai tapoté sur les touches le numéro du fixe de mes parents. Ma mère a décroché. Il y a eu cette seconde de silence, ce souffle muet. Elle attendait toujours un moment avant de parler. Elle a dit Allô, le même Allô que je connais si bien depuis que je l'avais découvert quand j'étais parti vivre en Australie dans les années 90. Je l'appelais au moins une fois par semaine. J'ai dit C'est moi. Elle m'avait reconnu, bien avant que j'ouvre la bouche. Elle avait reconnu ma respiration. Sa voix s'est réchauffée. Elle était heureuse de m'entendre, même si elle ne l'a pas dit ouvertement. Elle a redemandé dix fois si ça allait. J'ai répondu Super, tout va bien, les plus belles vacances de ma vie, des paysages à couper le souffle. J'avais la voix faible, il y avait trop d'émotion. Et puis, l'altitude me fatiguait. J'ai pris des nouvelles de mon père. Il se reposait dans sa chambre, il regardait la télévision. J'ai fermé les yeux et je les ai imaginés dans leur F3 à la cité. J'aurais aimé que ma mère ouvre la porte de la cuisine, qu'elle approche la radio du combiné du téléphone. Sans doute écoutait-elle Beur FM. Ensuite, elle aurait ouvert la fenêtre. Dehors, les gamins jouaient, les mamans demandaient à leurs fistons de faire attention, un accident est vite arrivé. Elle a écourté la conversation : son réflexe de pauvre. J'ai reposé le téléphone. J'avais la banane. Je suis entré dans la salle à manger. La soupe aux champignons venait d'arriver.

Je n'appelais pas tous les jours. Parfois, je sentais que le risque de me faire attraper était trop grand alors je reculais d'un pas. Et puis, la rareté des appels rendait l'acte plus précieux. J'essayais de me convaincre, en vain, de la légitimité de mon geste. Bien entendu, c'était du vol. En même temps, jouer au chat et à la souris avec les propriétaires du téléphone m'aidait à faire passer le temps. Je tournais en rond. Une routine s'était installée. À chaque fois que j'arrivais à joindre quelqu'un en France, je m'évadais quelques minutes. Les barreaux n'existaient plus. Adolescent, je partais de longues heures seul avec un sac à dos vide. Je n'avais pas de plan précis. Je m'arrêtais quand le magasin me plaisait. Je choisissais. Avec le temps, le vol était devenu un tue-galère. Au moins, je faisais faux bond aux murs de mon immeuble. J'aimais le challenge, j'aimais la prise de risque. J'adorais sentir mon cœur s'accélérer en sortant de la boutique. Puis savourer la délivrance. Je ne sais plus ce que je faisais avec les choses que j'avais chapardées. Au début, je volais par nécessité. Être habillé à la mode, m'intégrer au groupe, me sentir valorisé. Plaire aux nanas. Les artifices, mon frère. Quand j'ai pris quelques années, je volais pour me sentir en cohérence avec moi-même : je volais pour atténuer ma rage contre ce système. Je volais parce que j'habitais à dix minutes de Neuilly-sur-Seine. La frustration. Grâce au téléphone satellite que « j'empruntais », ma vie au camp avait changé : les deux premières semaines avaient été terriblement longues, je m'étais senti très mal et très seul. Ces petits moments de tendresse partagés avec les miens me faisaient du bien. Dix points en plus pour le moral et le courage.

Tout le monde attendait que les organismes s'habituent à l'altitude, tous espéraient être épargnés par l'ivresse des cimes. Certains avaient dû rebrousser chemin, les vomissements et les migraines incessantes rendant la vie insupportable à cette hauteur. J'allais plutôt bien. Le camp était certes grand, mais on en avait vite fait le tour. Alors que je me baladais un après-midi, je me suis mis à penser aux dernières paroles de Bikash à l'aéroport de Katmandu. Un de ses frères s'appelait Anish. Il était censé être arrivé au camp de base depuis un bon mois maintenant. Je suis allé à l'autre extrémité du camp en essayant de reconnaître le logo de l'entreprise de Bikash. Les tentes se ressemblaient vachement. Une marque tenait le haut du pavé : North Face. J'ai voulu demander si quelqu'un connaissait Anish, le frère de Bikash. J'avais besoin d'un ami. Je souffrais d'un manque de fraternité. Costaud et fragile en même temps.

La nuit tombe très tôt à 5 300 m, bien que nous soyons au printemps. J'avais cherché Anish tout l'après-midi. En vain. Je n'aimais pas marcher à l'intérieur du camp dans l'obscurité. Trop peur de me perdre ou de glisser, de me casser une jambe bêtement. Je suis entré dans la tente-salle à manger. La soupe nageait déjà dans les assiettes. Le vent arrivait à pénétrer sous la bâche et il venait me fouetter le visage. Sous nos pieds, une espèce de radiateur à gaz faisait ce qu'il pouvait pour nous rendre la vie moins frileuse. J'ai gardé le bonnet. Je regrettais de ne pas avoir mes lunettes, pour éteindre mon regard. J'avais le regard des mauvais jours. Une boule au ventre. J'en pouvais plus de tourner en rond. Le camp de base me rendait marteau. Ensuite, je suis sorti. Droit face à la montagne. La lune à moitié pleine suffisait à éclairer le camp de base. Je me suis dirigé vers lui. La bâche était close. Je me suis baissé, j'ai tiré la fermeture vers le haut. À l'intérieur, c'était la nuit. Je l'ai saisi et me suis enfui avec lui. On est allés à l'écart. Cela faisait trois jours que je n'avais pas parlé à ma mère. Ça a sonné. Sa voix était gaie. Elle revenait du marché. Elle était ravie, elle avait trouvé de beaux fruits et légumes. Mon père déjeunait dans la cuisine. Il s'asseyait toujours près de la fenêtre, sur la droite. Il ne parlait jamais en mangeant. Depuis que ma mère avait un téléphone sans fil, elle répondait à tous les appels. Elle tournait dans tous les recoins de son appartement. Sortait une pile de vêtements de la machine à laver, mettait une poêle sur le feu, déplaçait les chaises pour pouvoir passer la serpillière. Elle me parlait, je sentais qu'elle était occupée. Même quand elle ne faisait rien, on ne discutait pas longtemps nous deux. Comme si le fait de ne pas se voir empêchait l'intimité. Je lui ai demandé des nouvelles de papa. Tout allait bien. J'ai eu envie de discuter avec mon vieux. Ma mère lui a donné l'appareil. Il a crié C'est qui ? Mon père s'exprime fort au téléphone parce qu'il est réaliste et qu'il sait que je me trouve loin de lui. J'ai demandé la météo. Un beau soleil selon papa et une douceur en température. Maman a repris le combiné et j'entendais mon père ruminer en kabyle. En raccrochant, j'ai rangé le téléphone dans la poche de mon pantalon. La tente-salle à manger brillait dans la nuit. J'ai dû m'arrêter : une lumière bleue s'échappait de l'endroit où se reposait tous les soirs le téléphone satellite. Un couple est sorti. Je me suis caché derrière un rocher. L'homme tournait dans tous les sens, pendant que la jeune fille éclairait le sol. Je n'avais pas le choix. J'étais coincé. J'ai soufflé un grand coup. Je pensais déjà au lendemain. Juste un mauvais moment à passer.

Je tends le téléphone au garçon. Il regarde ailleurs, ses yeux se perdent derrière moi. La nuit m'aide à me sentir moins humilié. La fille saisit le téléphone satellite pour le remettre en charge. J'essaie de parler mais les mots ont honte. Ils descendent dans mon estomac. La minute d'après, mon ventre a tout verrouillé. J'ai la bouche ouverte et aucun son ne sort. Le silence s'éternise. On entend au loin des éclats de rire. Les autres, apparemment de bonne humeur, attaquent le plat de résistance. Le garçon hausse les épaules. La fille regarde en hauteur. Je me demande lequel de nous trois est le plus gêné. Je serre les poings. Demander aux mots de remonter, implorer leur sollicitude. Mais le ventre est bouclé à double tour. Je baisse la tête, tourne le dos et je m'enfuis vers ma tente.

La nuit était pâle. Les yeux fermés, l'esprit torturé. Plusieurs fois, je me suis levé pour aller pisser. À genoux, à l'intérieur de la tente, la gourde dans une main, je ne voulais pas en mettre partout. L'odeur de la pisse est tenace. À chaque fois, j'en profitais pour regarder l'heure. À 2 h 30, j'ai pris le roman et j'ai commencé à lire. Florent n'en finissait plus de ramper pour reconquérir Clara. Par le passé, elle l'avait aimé à en crever, aujourd'hui, c'était à son tour d'être happé par elle. Fuis-la elle te suit, suis-la elle te fuit. Elle ne savait plus quoi penser de lui, de cet amour, de leur amour. La jeune femme avait toujours des sentiments pour lui. Son odeur si familière avait toujours un parfum enivrant. Fallait-elle qu'elle tourne la page ?

Devait-elle lui redonner une chance ? Devait-elle leur donner une nouvelle chance ? Ce livre me foutait le cafard. Pourquoi tout le monde souffrait autant en amour ? Même dans un bouquin bas de gamme, c'est pas gagné. À 3 heures, je me suis habillé. J'ai gardé mon collant grand-froid, j'ai mis mon bonnet, ma paire de gants, mon écharpe. J'ai sorti ma torche et je suis sorti de chez moi. De ma vie, je n'avais jamais connu de silence aussi pénétrant. J'ai marché tout droit. Le froid était glacial. Bien couvert, je me sentais rassuré. Je suis passé devant le groupe des Indiens. J'entendais des ronflements. Je me suis écarté, je craignais qu'ils ne sentent ma présence. J'ai continué mon chemin et suis arrivé devant la tente-pharmacie. C'était la première fois que je la voyais de si près. En milieu de journée, elle était assaillie par les alpinistes atteints des symptômes dus à l'altitude. J'ai bifurqué sur la droite. La glace avait fondu de ce côté-ci du camp. On voyait la rivière. J'imaginais la froideur de l'eau. J'ai grimpé sur les rochers pour éviter de tomber dans le ruisseau. Tout le monde dormait, j'étais seul, très seul. J'ai continué à marcher, au hasard. J'ai regardé ma montre, elle affichait 4 heures. Une lumière est apparue au loin. Un

135

Occidental, cheveux dorés, est sorti de sa tente. Il portait une combinaison sur laquelle était attaché un baudrier. Son bonnet mis de travers, il avait l'air encore assoupi. Il a pénétré chez quelqu'un. J'arrivais à distinguer leurs ombres. Le premier bonhomme s'est penché et l'a secoué. C'était l'heure du réveil. L'autre a levé la tête, a étiré ses bras. Prêt à partir affronter l'Ice Fall.

Tous les jours, je vais m'entraîner sur la piste. La neige a beaucoup fondu ces derniers jours. L'été sera là dans deux mois. Je monte et redescends telle une panthère. La corde glisse sous mes doigts, le geste devient naturel. Je suis enfin récompensé de mon acharnement. Bijay le sherpa a été un bon instructeur. Je reste souvent suspendu dans les airs, la tête renversée. Apprivoiser la montagne, ne pas avoir peur d'elle. La période d'adaptation à l'altitude arrive bientôt à son terme. Il faut être prêt à temps. Là-haut, plus question d'oublier quelle corde passera dans quel mousqueton.

Je me suis installé au fond de la tente-mess. La fille et le garçon s'asseyaient toujours à cet endroit. Le plat principal est arrivé très vite : des frites et de la viande de bison. Certains ont fait la grimace. J'ai mangé deux assiettes. C'était très bon. Les autres ont sorti un jeu de cartes. La fille et le garçon n'ont pas souhaité participer. Le moment était idéal. J'ai regardé le type dans les yeux et je lui ai touché la main. J'ai murmuré :

— Désolé pour l'autre fois.

Je ne voulais pas parler trop fort, de peur que les autres entendent mais peut-être étaient-ils déjà au courant ? Le garçon n'a pas compris ce que je disais, le son de ma voix était trop faible alors j'ai dû répéter. Il a pris mon bras pour me rassurer :

— Ne t'inquiète pas, c'est oublié et on comprend ton geste.

J'ai regardé la fille assise sur sa droite et elle a confirmé en hochant la tête. Elle a enchaîné en me proposant d'utiliser leur téléphone à chaque fois que j'en aurais besoin. Ils avaient obtenu un forfait illimité avec une entreprise qui sponsorisait leur voyage. D'un coup, j'ai senti les larmes arriver. J'avais l'hachouma des grands jours.

Une avalanche a réveillé tout le monde. Au contraire de ses copines, qui dévalaient quotidiennement au loin dans un bruit mat, celle-ci avait atterri au pied du camp dans un fracas assourdissant. Elle n'a pas entamé ma bonne humeur matinale pour autant. Après le petit déjeuner, j'ai pu faire connaissance avec Franck. Il a souvent le regard qui se perd dans les airs. Il en est à son troisième essai. Déjà deux échecs. Il avait bien digéré son premier revers parce que les conditions météorologiques l'avaient empêché de réussir l'ascension. Ce n'était pas sa faute. Le vent s'était mis à souffler très fort ce jour-là et son équipe avait dû rebrousser chemin. La deuxième fois, il était arrivé à 8 700 m. Très près du bonheur donc. Après, il ne se souvient plus très bien de ce qui s'est passé. En manque d'oxygène, à bout de forces, happé par l'ivresse des cimes, il n'avait plus eu la force de continuer et avait dû faire demi-tour. Si près du but. Sans doute à une demi-heure de marche. Il me racontait son histoire avec l'Everest. Que de regrets. Il revenait cette année, à la fois bardé d'espoir et rempli de craintes. Comment vivrait-il un troisième échec ? Franck était anglais, la cinquantaine, médecin généraliste dans une ville moyenne d'Angleterre. Avec son ordinateur de poche il alimentait un blog. Souvent, il restait assis seul sous la tente-salle à manger, un verre de thé à la main, les écouteurs plantés dans les oreilles. Parfois, il avait les yeux clos. Peut-être était-il en train de s'imaginer une nouvelle fois sur ses pentes ardues, à quelques mètres de la pointe. Il avait dû la voir et la revoir cette scène, la scène finale de sa deuxième tentative. Il avait dû les faire et les refaire un milliard de fois ses derniers pas. Franck vivait avec le remords d'avoir échoué à quelques encablures du sommet, il s'en voulait de n'avoir pas eu en lui ce petit plus de force mentale et physique qui lui aurait épargné aujourd'hui de se retrouver une fois encore face à cette montagne, face à lui-même, face à ses craintes, face à ses angoisses. Pendant longtemps, il ne voulait plus en entendre parler de l'Everest. Risquer sa vie pour elle et la voir si peu reconnaissante. Il l'avait vu, le sommet, il l'avait presque touché. Depuis, il ne vivait que pour ça, que pour lui, il ne vivait que pour se retrouver au camp 4, à 8 000 m, au pied de l'Everest. Franck n'était revenu que pour ce moment où il aurait enfin l'occasion de se racheter, où il pourrait enfin lui dire Je t'emmerde, tu ne m'as pas eu, tu m'as empêché d'être heureux toutes ces années, voilà j'ai pris ma revanche. Il enfilerait sa paire de chaussures dans la nuit, s'assurerait que ses gourdes étaient pleines, il aurait sur son front une torche avec des piles neuves... Il voulait être capable de fermer les yeux à chaque fois qu'il le souhaitait et se rediffuser la scène des derniers mètres de l'ascension sans s'arracher les cheveux, sans aller se cogner la tête contre un mur. Il voulait être capable de se voir assis sur cette petite pointe de quelques mètres qui domine toutes les autres montagnes de la planète, il aurait à tous les coups un sourire aux lèvres. Il pourrait enfin vivre en paix. Je n'étais pas dans la tête de Franck mais il devait la détester cette montagne. Souvent, je m'asseyais en face de lui pour le regarder. J'avais peur de devenir comme lui. En le voyant ainsi, je réalisais combien il serait difficile, voire insupportable, de vivre après l'échec. Je ne voulais pas que l'obsession fasse partie de mon quotidien. Je crois que Franck était de loin celui qui méritait le plus d'atteindre le Toit du Monde. J'espérais que son abnégation finirait par payer. Il était venu ici avec trois compagnons. C'est en observant Franck, que j'ai su que je n'abandonnerais pas et que seule la mort pouvait m'en empêcher. Ce soir-là, je n'ai pas dormi de la nuit parce que je savais que je ne reculerais pas, c'était tellement une certitude que je commençais à avoir peur de moi-même.

Un groupe part demain pour le camp 1 perché à 6 000 m, ils y resteront une nuit, puis fileront le lendemain pour le camp 2, 400 m plus haut. Je viens d'apprendre que je ne ferai pas partie du premier contingent. Les Australiens sont très excités. Le Sud-Africain, le jeune Américain et Nick, l'un des Anglais, les accompagnent. Probablement, un deuxième départ aura lieu dans les prochains jours. Du moins, je l'espère.

La veille d'un important examen, ou d'une grande compétition sportive, le sommeil se cache pour mourir. Je savais en me fourrant à l'intérieur de mon sac de couchage que je ne fermerais pas l'œil. Je ne lutterais pas encore pour atteindre le sommet demain, mais ce serait ma première étape grandeur nature. Je ne fis pas la charité à Morphée et je saisis mon roman. L'amant avait décidé de tenter le tout pour le tout. Il avait écrit à sa Clara une lettre à couper le souffle, rédigée avec ses tripes. Il voulait tant la reconquérir. Allait-elle comprendre que cette fois-ci, il était prêt à s'engager, que c'était elle la femme de sa vie, la fille de ses rêves ? Je posai mon livre, mes yeux se fermaient tout seuls. J'avais un peu froid. J'ai essayé de me réchauffer en frottant mes mains l'une contre l'autre. Mes vêtements qualité Leader Price faisaient ce qu'ils pouvaient. Dehors, c'était le calme absolu. De temps en temps, on entendait des blocs de glace se détacher. Les avalanches faisaient tellement partie du décor qu'elles se mélangeaient au silence. Le cerveau fonctionnait à plein régime.

4 h 45, 25 avril. Je n'ai pas bien dormi, les traits tirés comme un tendon d'athlète. J'avale mon petit déjeuner très vite. Nous sommes quatre à partir pour le camp 1. Trois Anglais m'accompagnent.

Après une nuit sur place, nous avons l'intention de rejoindre le camp 2. John ouvre le chemin, Terry le suit, puis vient Franck, et je ferme le groupe. La première crevasse à franchir est à une heure de marche. Quand l'aube donne un dernier coup de pompe à la nuit, un paysage d'une beauté invraisemblable apparaît dans ce chaos de glace, bien qu'il soit encore masqué par l'ombre. Mes crampons croquent la surface du glacier.

En suivant la corde sur laquelle j'ai accroché deux sécurités, je zigzague à travers un labyrinthe de stalagmites d'un bleu lumineux. Je me retrouve très vite dans le rouge : le souffle coupé, les jambes en coton, les épaules voulant rendre l'âme. Franck semble souffrir également. Devant nous, plus haut, les deux autres affichent une facilité déconcertante. Je me retourne souvent. À un moment, je m'aperçois que Franck a décroché. Parfois, j'oublie de clipper le deuxième mousqueton sur la corde, ce qui est très dangereux : la fatigue, mêlée à la difficulté que j'ai à respirer, donne un sérieux coup de bâton à ma vigilance. Le chemin est truffé de séracs et de grosses crevasses. Le glacier est en perpétuel mouvement. Voilà pourquoi le départ pour la cascade se fait tôt : au froid et sans soleil, la moraine bouge moins. Ce chaos de glace à la stabilité précaire est le passage obligé pour ceux qui désirent emprunter la voie normale népalaise. La même qu'avaient empruntée Tenzing Norgay and Edmund Hillary, les deux premiers hommes à avoir atteint l'Everest, le 29 mai 1953. Les échelles se succèdent, toujours accrochées avec des bouts de corde. Je ne cesse de m'interroger : comment le tout peut-il tenir ainsi ? Des éboulements ont lieu fréquemment sur l'Ice Fall : la fonte des neiges fait glisser le glacier vers la vallée.

L'ancien marine prenait le large. Très vite, il disparut de mon horizon, trop rapide pour le reste du groupe, même pour Terry. Nous faisions désormais le chemin en couple. L'ascension semblait interminable et le passage des échelles était répétitif, il en devenait barbant. Les mêmes gestes, les mêmes pas, les mêmes crevasses. Mon appareil photo, le veinard, se reposait au fond de mon sac, trop loin pour que je puisse aller le chercher et photographier ces paysages d'un autre temps, d'une beauté inégalée. Vers 9 heures, nous sommes sortis de l'ombre où nous étions depuis notre départ et le soleil passa à la vitesse supérieure. Mon corps se mit alors à chauffer. J'enlevai plusieurs couches de vêtements. Je n'en pouvais plus mais je continuais, je ne sais pas trop comment je faisais pour hisser ce corps, j'étais mort de fatigue. Il fallait se faire une raison, j'étais ici pour souffrir. J'avais négligé l'entraînement avant de venir au Népal. À part les footings quotidiens, les pompes et les abdos, je n'avais rien fait pour me préparer à cette expédition. Les autres étaient partis gravir d'autres montagnes, dans les Alpes, ou en Amérique du Sud. À un moment, les cordes nous conduisirent au pied d'un long sérac, aussi grand que la tour dans laquelle j'avais grandi. Plusieurs échelles étaient accrochées entre elles à la verticale. Un tas de cordes pendait dans le vide comme des spaghettis. Terry en attrapa une dans chaque main et se mit à grimper. La fatigue altérait ma concentration. Mon binôme était déjà arrivé tout en haut. Trop tard pour qu'il me dise quelle corde attraper. Fallait prendre une décision. Je saisis une corde au hasard, la première qui se présentait à moi, avec le risque que celle-ci ne soit pas attachée jusqu'au bout de la paroi. Les crampons de la chaussure gauche sont venus s'agripper sur l'échelle. J'ai soufflé un grand coup pour retrouver un peu d'énergie. Ensuite, j'ai fait la même chose avec l'autre pied. Il devait y avoir une cinquantaine de marches. J'ai fermé les yeux. J'ai imaginé qu'il ne me restait plus qu'une seule marche à gravir. C'était une illusion mais ça, ça ne concernait que moi. Une fois la suivante franchie, je refaisais le même sketch. Plus qu'une marche à gravir, etc., etc., etc.

J'ai enfin aperçu la silhouette longiligne de Franck. Il venait d'arriver. Il ne tenait plus debout. Arrivé deux heures après nous, il avait vécu un vrai calvaire. Pire que le mien. Sur le camp 1, à 6 000 m, Cliff avait fait installer par les sherpas deux petites tentes. À l'intérieur, un réchaud à gaz. Rien d'autre. John faisait fondre de la glace. Les gourdes étaient vides. De plus, nous avions besoin d'eau chaude pour faire réchauffer la nourriture sous vide que nous avions transportée. Franck me rejoignit sous la tente. À bout de forces, comme moi, il dut produire un gros effort pour enlever ses chaussures. Il s'allongea et me demanda de casser avec lui des morceaux de glace.

Je me suis senti comme une épave toute la journée. J'avais dû grimper trop vite. L'envie de gerber m'a pris en arrivant au camp 1. Je sortis de la tente tandis que la neige fondait à l'intérieur de la petite casserole en inox. Je dus ramper pour me hisser à l'extérieur. Pour la première fois, je ressentais les effets néfastes de l'altitude. J'avais le cœur qui faisait comme des allers-retours Douvres-Calais en plein hiver, un mal de tête pas croyable, une barre sur mon front aussi dure qu'une planche en bois. Dehors, à quatre pattes, les doigts à l'intérieur de la gorge, je n'arrivais pourtant pas à vomir. Je sentais à certains moments que j'allais perdre pied, que rien n'allait plus, comme si je n'étais plus sur terre mais dans l'espace. J'étais atteint par l'ivresse des cimes. J'avais entendu des histoires pas très islamistes à ce sujet. J'ai mis un genou à terre, j'avais la tête dans la neige. Je me suis demandé un instant s'il ne fallait pas redescendre. Franck passa la tête en dehors de la tente et se rendit compte de mon état. Je suis retourné dans la tente, avec l'espoir que mon mal-être se dissiperait et qu'une bonne nuit de sommeil me requinquerait. Le bœuf strogonoff aux pommes de terre que j'avais fait réchauffer dans la petite casserole sentait drôlement bon. Besoin de reprendre des forces pour l'épreuve du lendemain. Franck mangeait un plat de pâtes, les yeux fermés. Il n'allait pas fort, lui non plus, mais il avait vachement plus d'expérience que moi.

Au loin, on a vu arriver les Australiens : ils revenaient du camp 2 et redescendaient vers le camp de base. Les trois Anglais et moi-même étions prêts à repartir. L'échange avec les Australiens fut bref. Christian m'a enlacé pour la passation du courage. Les trois autres m'ont à peine regardé, puis ont continué leur chemin, impatients de retrouver leur petit confort. Il n'était que 8 heures du matin, je me sentais moyen, bien meilleur que la veille, mais ce n'était pas la forme olympique. John et Terry sont de nouveau partis comme s'ils avaient la torche des JO aux fesses. Je suis resté en compagnie de Franck. On avait toute la journée pour atteindre le camp 2. Nous devions remonter la « Combe Ouest ». La côte était douce et s'étirait en longueur. Nous nous trouvions dans une cuvette, encombrée d'énormes crevasses en son centre qui empêchaient l'accès aux parties supérieures du glacier. Nous n'avions pas d'autre choix que de longer le côté droit, au pied du Nuptse (7 861 m). Dès le départ, j'ai senti un gros coup de fatigue. J'ai pensé que ce serait passager, qu'une fois la machine en marche je trouverais mon rythme. Franck m'emboîtait le pas, je le sentais derrière moi et je n'aimais pas ça. Il se servait de moi pour avancer. À maintes reprises, il aurait pu me doubler : je n'allais pas bien physiquement, il préférait rester à l'arrière, à une distance raisonnable. J'avais l'impression qu'il me pompait le peu d'énergie qu'il me restait. Rien n'est plus insupportable que d'être à bout de forces et d'avoir quelqu'un qui vous colle aux basques. Marcher à cette altitude ça ne m'allait vraiment pas. Je ne respirais pratiquement plus. Parti depuis déjà une heure, j'avais à peine parcouru quelques mètres. En me retournant, je voyais toujours le camp 1. Merde, j'étais mal. Le camp 2 était encore très loin. J'ai voulu prendre la mesure de la fraîcheur de Franck, pour savoir si la misère physique s'était abattue sur lui également. Ses grosses lunettes masquaient la réalité de son état. Il avançait en douceur, telle une limace, sans forcer. Était-il en détresse lui aussi ? J'aurais été rassuré de le voir à la peine : savoir qu'on est deux à souffrir atténue la douleur. J'ai décidé de m'arrêter sur le bas-côté, et me suis mis à regarder vers le bas. La glace était dure. Franck comprit que j'étais au bout du rouleau, au bord de l'asphyxie, à deux orteils d'abandonner. J'ai cru qu'il allait venir me tapoter l'épaule en signe de soutien. Au lieu de cela, il se porta à ma hauteur et, sans même me jeter un regard, continua son chemin. Tandis que je m'écroulais sur le sol, je voyais les crampons de Franck onduler telle une chenille.

Je n'avais pas besoin de lui mais il ne se souciait guère de ce que je pensais. Sans aucun complexe, le soleil brillait au maximum. Il avait décidé de m'emmerder jusqu'au bout. Sans aucun moyen de l'éviter. Pas d'arbres, pas de nuages non plus. J'aurais voulu que se lève un voile. J'avais besoin d'un filtre. Le ciel était trop bleu, pas assez musulman, trop laïque, pas assez voilé. À cause de l'altitude élevée, par un jour clair et sans vent, et parce que nous nous trouvions dans une cuvette, la chaleur pouvait devenir difficilement supportable. Je traînais les pieds, chaque pas exigeait un effort surhumain. Mes jambes et mes bras ne répondaient plus. Une impression de ne plus être en mesure d'inspirer, ou d'expirer. Plus d'air à cette altitude. Mes poumons gueulaient. J'ai regardé vers le bas, je voyais toujours et encore le camp 1. Je commençais à désespérer. Plus haut, le camp 2 n'apparaissait toujours pas. Franck, lui, avait disparu. Je me suis jeté à terre, la tête la première, à quatre pattes, comme un chien errant. L'envie de vomir m'a assailli de nouveau. J'étais dans de beaux draps. Le dîner de la veille a atterri sur la neige. J'ai dégueulé plusieurs fois. Que le tout s'en aille. J'ai relevé la tête et serré les poings. J'ai repris mon ascension. Calvaire. Stop ou encore ? La respiration était à crédit. J'ai imploré une rallonge. J'ai fermé les yeux pour chercher du courage.

Maman adorait me frotter le dos avec un gant en crin. Avec mes deux frangines, elle nous installait dans le bain le mardi pour notre grosse toilette hebdomadaire. Elle remplissait uniquement une bassine, puis nous lavait tous les trois dedans. Alors qu'elle partait chercher des serviettes pour nous essuyer, on en profitait pour se balancer de la flotte.

La côte, pourtant pas très raide, me cassait les crampons. Je la détestais. J'avais la rage comme jamais. Marche avec le cœur, marche avec tes tripes, Nadir. Mes larmes venaient atterrir sur la glace. Ensuite, c'était un pas, trois souffles. Un pas, trois souffles. Un pas, trois souffles. Pendant 7 heures.

Avec Franck on ne se quittait plus, nous avions décidé de faire le chemin du retour vers le camp de base ensemble, contrairement à Clara et Florent dont la réconciliation semblait improbable. John et Terry s'amusaient à qui arriverait le premier. Je préférais garder des forces pour la montée finale qui aurait lieu dans quelques semaines. L'ascension de l'Everest demandait de savoir gérer un long effort, comme quand on dispute un marathon. On avait passé deux nuits au camp 2, avant de redescendre au camp de base. Là-haut, trop haut, à 6 400 m, je n'avais pas réussi à fermer l'œil. J'étais arrivé au camp 2 dans un état déplorable. À vingt mètres de l'arrivée, j'étais resté planté devant une dernière côte de vingt mètres, dans l'incapacité de faire le moindre pas. Une fois à l'intérieur de la tente, je m'écroulai. Ranulph, arrivé la veille, vint me féliciter. Pour mon courage et mon obstination.

Anish fume sa clope avec grâce. Je le reconnais tout de suite. Le frère de Bikash. Les mêmes yeux. Noirs et très profonds. Il me regarde et me sourit. Il ne me connaît pas et il m'offre son sourire. Je me présente en lui serrant la main avec vigueur. Anish me prend par l'épaule et nous entrons dans la cuisine. Deux jeunes garçons s'activent devant les fourneaux. Le plus petit plonge des épices dans une casserole. Je m'approche du feu : du lait est en train de bouillir, à deux doigts de déborder. Anish est assis sur des pierres, des étincelles de joie brillent à l'intérieur de ses rétines. Le bonheur de vivre. Je le rejoins et nous nous mettons à parler. Le jeune homme verse le lait chaud parfumé dans des tasses remplies de thé. Il rit. Je goûte. Faut voir le goût d'un thé fait avec amour, exquis, juste ce qu'il faut d'épices et de sucre. Puis il coupe avec un gros couteau deux larges parts de tarte aux pommes. Je regarde Anish, je ne dis plus rien. Le silence s'assoit avec nous. Nous lui faisons de la place. Les deux employés nous rejoignent. J'aimais bien me mettre dans un coin de la cuisine et regarder ma mère préparer à manger. Elle fredonnait toujours. Parfois, elle parlait toute seule. Les choses qu'on n'arrive pas à dire à quelqu'un, on se les dit à soi-même.

2 mai 2008. Le camp de base est plein à craquer. Personne ne peut aller plus haut. Tout le monde est coincé ici. L'armée népalaise a donné des ordres : aucune équipe n'est autorisée à quitter le camp. L'interdiction pourrait être levée une fois que les alpinistes chinois auraient atteint le sommet de l'Everest, la torche olympique dans les mains. Pas avant, ce n'est pas négociable. Les plus optimistes espèrent que les Chinois décamperont avant le 10 mai. De toute manière, beaucoup parlent du 12 mai comme deadline sans quoi la torche olympique n'éclairera pas Pékin à temps. Cette histoire de flamme énerve tout le monde à travers la planète. Déjà, à deux semaines du départ de Paris, mon voyage a failli être annulé : la face Nord, l'ascension de l'Everest par le Tibet, était fermée. Une décision prise en urgence par la Chine, suite à la révolte des Tibétains. Je rêvais de l'Everest depuis très longtemps et cette mauvaise nouvelle avait freiné mes élans. J'avais failli remettre mon départ à plus tard. À l'année suivante par exemple.

8 mai 2008. Le bonheur se lit sur tous les visages. Les Chinois ont hissé la torche olympique sur le Toit du Monde. L'heure du soulagement. La montagne est de nouveau ouverte. Cliff a expliqué aux autres (qui me l'ont rapporté, puisqu'on ne se parle plus) que l'armée népalaise, présente en masse dans le camp, avait finalement donné son accord : les choses sérieuses vont commencer. Je suis toujours dans la course.

Les Australiens ouvraient toujours le bal. Ils partaient le lendemain. On avait pris du retard mais c'était encore jouable. J'essayais de ne pas penser au moment où il faudrait repartir. Savoir qu'on allait devoir de nouveau franchir l'Ice Fall, puis le trajet camp 1 - camp 2, avant d'aller jusqu'à 7 300 m. Et alors qu'on se trouverait à 1 500 m du but, il faudrait redescendre jusqu'au camp de base. La montagne avait ses règles. Comme avec la plongée sous-marine : il fallait respecter les différentes étapes. Ce demi-tour qui peut paraître absurde pour le commun des mortels vise à conjurer le sort. La grimpée par paliers est incontournable pour acclimater l'organisme à l'altitude. Ça rend marteau, mais aucun autre choix n'est possible. Grimper tout d'un coup est trop dangereux, avec le risque de voir apparaître des œdèmes cérébraux, d'être pris par une crise cardiaque, d'être happé par l'ivresse des cimes. La mort nous guettait. La montagne ne faisait pas de cadeaux. Il fallait faire preuve de patience. Plusieurs alpinistes m'avaient affirmé que la deuxième ascension vers le camp 2 était moins difficile que la première : le corps s'habituait. Mon esprit, lui, se souvenait très bien de ces deux journées infernales.

Ils étaient bien arrivés au camp 2. La météo avait été splendide, le groupe était resté soudé jusqu'au bout. Les Australiens avaient passé une nuit sur place et devaient repartir le lendemain pour le camp 3. À l'aube, l'équipe se mit en route. James, le médecin, s'occupait de la liaison radiophonique avec Cliff. Au camp de base, le talkie-walkie était accroché à l'un des piquets de la tente du coach. Après le petit déjeuner, je me suis approché pour mieux entendre, pour vivre en direct leur ascension. Le groupe se trouvait à 6 900 m. À un moment, Cliff a semblé inquiet. La météo avait changé subitement et les deux bonshommes se demandaient s'il n'était pas dangereux de continuer à progresser. Le camp 3 s'étalait sur trois niveaux : 7 000 - 7 150 - 7 300 m. Les Australiens avaient prévu d'atteindre la dernière partie du camp, d'y rester quelques minutes puis de redescendre. James attendait le feu vert de Cliff pour pouvoir continuer. Le boss a demandé à son assistant de vérifier une nouvelle fois les prévisions météo. Des ordinateurs portables branchés en permanence permettaient de connaître précisément les conditions climatiques. Le vent s'était mis à souffler, les nuages avaient fait leur apparition. Cliff hésitait : sur ses épaules, la responsabilité de plusieurs vies. Il demanda au médecin de patienter un peu. L'équipe fit une halte. J'ai commencé à réaliser le danger de l'expédition. Il ne suffisait pas d'être prêt physiquement, il fallait

aussi que Dame Nature soit généreuse. Les déci-
sions de Cliff étaient tellement importantes que
je me mis à comprendre les raisons de sa froideur à mon égard. S'il arrivait quelque chose à
l'un d'entre nous, je crois que Cliff ne se le
pardonnerait jamais. À ses yeux, je pouvais être
un danger pour le reste du groupe, j'étais également un danger pour moi-même. En montagne,
pouvoir compter sur ses compagnons est primor-
dial. La conduite d'un seul grimpeur peut
affecter la sécurité de tout un groupe. Avoir un
tocard à ses côtés, c'était jouer avec la vie des
autres. La météo était capricieuse. Cliff s'est saisi
du talkie-walkie. Les Australiens étaient à
6 800 m. Ils n'ont pas pu aller plus loin. Ils
étaient déçus.

*Franck a fini par accepter de faire le chemin
jusqu'au camp 1 avec moi. J'ai failli lui signaler
que ses deux amis si solidaires ne l'attendaient
jamais. Chacun pour sa gueule sur les pentes hima-
layennes. À l'image de ce qui se passe dans nos
sociétés civilisées. Le Britannique mène. Je préfère
me caler sur son rythme. Il fait très beau ce matin.
Nous avons décollé à 5 heures : le vent était éteint,
le soleil se réveillait, les nuages étaient au repos.*

L'Ice Fall est comme à son habitude : les échelles brinquebalantes et les séracs toujours aussi instables. Il me semble qu'en certains endroits, nous empruntons un chemin différent. Franck m'explique qu'il est fréquent de déplacer les bouts de ferraille à chaque fois qu'un bloc de glace risque de s'effondrer. Et puis, cette montagne est tellement immense que nous avons toujours l'impression de découvrir pour la première fois des passages pourtant déjà traversés. Physiquement, je supporte mieux cette deuxième montée. Je regarde le visage de Franck : il est encore en train de vivre un calvaire. De ma vie, je n'ai jamais vu quelqu'un souffrir autant. Franck, un type courageux. Il ne lâche pas et continue à son rythme. Malgré tout. À un moment, il n'a plus supporté que je sois derrière lui et a voulu que je passe devant. Je l'ai doublé, pour autant, je n'ai pas accéléré. Nous allons directement au camp 2. La journée promet d'être longue. Je dois garder des forces. La chaleur commence à envahir mon corps. À ma disposition, deux gourdes d'eau. Trop peu. Mon sac à dos se fait de plus en plus lourd. Quand je relève la tête, la beauté du paysage me donne des forces. Je me sens tout petit face à ces montagnes. Une poussière d'étoile, un grain de sable. Certains blocs de glace ont viré au bleu. À deux doigts de s'écrouler.

Après deux heures de marche, je suis au bord de l'asphyxie.

Seul Terry avait décidé de nous attendre, John ayant préféré continuer seul. Il attendait au camp 1 assis, stoïque, son sac à dos couché sur le sol sur la portion la plus plate. À peine arrivés, il a fallu repartir. Le temps venait de se couvrir. Avant même que je ne m'en rende compte, les nuages s'étaient emparés du ciel. Le type de Liverpool a marché devant. Très vite, on ne voyait plus rien à dix mètres devant nous. Juste ce qu'il fallait de visibilité pour continuer notre progression. Je me suis calé en deuxième position. Franck était derrière et peinait à nous suivre. Nous nous arrêtions tous les vingt pas. Trente secondes pour reprendre notre souffle, avant de continuer de nouveau. L'inclinaison de la côte était douce, comme un faux plat, long et usant. Il n'y avait personne d'autre avec nous. Seuls au monde. Le camp 2 paraissait proche. J'arrivais à le distinguer au milieu des flocons. Nous avancions très lentement et pourtant j'avais l'impression que le camp 2 reculait. Franck s'accrochait comme il le pouvait. Terry gardait le même tempo. Pour une fois, nous marchions ensemble, les conditions météo nous obligeaient à rester groupés. Je restais vigilant. Je voulais fermer les yeux pour oublier où j'étais. C'était trop dangereux : je devais faire attention où je posais les pieds. La silhouette de Franck était comme un fantôme, apparaissant et disparaissant. Devant moi, le Liverpool boy, pourtant habitué à survoler les étapes, semblait également à la peine. Il s'arrêtait tous les dix pas, baissait la tête pour reprendre son souffle. Payait-il pour son zèle lors des précédentes étapes ? L'ascension vers le camp 2 n'en finissait plus. Nous étions ensemble, mais en vérité, nous étions seuls, face à nous-mêmes. Les flocons grossissaient et coulaient de plus en plus vite, la visibilité se réduisait. Notre destination semblait à la fois proche et lointaine. Telle une oasis au milieu du désert. Derrière, je ne voyais plus Franck. Le Liverpool boy avait ralenti. J'ai eu un énorme doute. La barre était trop haute. J'étais incapable d'aller plus loin. J'ai levé la tête. Devant, l'Anglais a repris la route et derrière Franck venait de réapparaître. Je n'ai pas pu m'empêcher de verser des larmes. Le goût de l'échec, mes frères. Les yeux plus gros que le ventre. Adolescent, j'abandonnais très vite. Le fatalisme qui glue à la banlieue. Puis, avec l'âge, je m'étais endurci. Je me suis penché vers l'avant. Les chaussures de Terry avaient laissé de grosses marques sur le sol. Après, je ne sais pas comment son visage est apparu mais je l'ai vu, c'était comme s'il marchait à mes côtés. Je le détestais. Je n'avais jamais haï quelqu'un autant que lui. Nico. La France, tu l'aimes ou tu la quittes. Les mots karcher et racaille étaient maintenant très audibles à mes oreilles.

Les derniers hectomètres vers le camp 2 furent insupportables. Malgré la douleur, j'étais resté debout. Franck arriva une heure après nous. Après ce soulagement, je me suis allongé pendant quatre heures, tentant en vain de trouver le sommeil. À 6 400 m, l'humain ne dort pas. Il somnole, tout au plus. Le camp 2 était planté dans un creux de la Combe Ouest, « en pleine vallée du silence ». De là, j'apercevais le Nuptse sur ma droite, le Lhotse se dressait droit devant, et l'Everest attendait sagement sur ma gauche que je vienne le rejoindre. Une journée de repos était prévue pour le lendemain, avant de se diriger vers le camp 3. En espérant atteindre les 7 300 m.

Mes trois compagnons partent à l'aube. Moi,
non. Je dois attendre l'arrivée d'un sherpa. J'irai au
camp 3 sans doute le jour d'après. C'est Cliff qui a
opté pour cette solution. Je n'ai pas le choix. Vexé
par le manque de confiance du coach. Surtout que je
ne pense pas avoir démérité ces dernières semaines.
Sa décision a dû être motivée par ma piètre presta-
tion lors de la première journée de test. Et puis aussi
une volonté affichée de m'humilier devant les autres.

Je me suis levé péniblement et j'ai attendu près
du talkie-walkie que les trois Anglais donnent des
nouvelles. Le camp 2 était beaucoup moins grand
que le camp de base. Tout de même, près d'une
centaine de tentes avait pris position ici. Je sirotais
mon thé, assis sur une pierre gelée. Ensuite, j'ai

marché. J'ai pensé que ça ne pouvait me faire que du bien. Je voyais devant moi l'arête du Lhotse, quatrième plus haute montagne du monde. J'ai fait quelques pas. Pas plus, trop épuisé pour continuer. Toujours cette putain d'altitude. Au loin, plus haut, la côte semblait toujours plus raide. De petits points jaunes qui ressemblaient à des champignons étaient visibles. Le camp 3 paraissait hors d'atteinte. Je suis revenu dans la tente-mess un peu abattu. Un monsieur, un Occidental, m'a salué en anglais. Un Français, un accent à couper au couteau. Gérard, guide de haute montagne depuis plus de vingt ans dans les Alpes, accompagnait Sophie sur le sommet de l'Everest. La jeune femme, exténuée, se reposait. J'ai voulu le serrer dans mes bras. Je n'avais jamais été aussi heureux d'être français. On a discuté du pays. J'étais bien. Trop bien. Eux aussi, trouvaient que Chomolunga était coriace.

Vers 15 heures, l'ancien marine refit surface. Il alla directement dans sa tente. Terry arriva une heure plus tard. Franck, sans doute à bout de forces, n'était toujours pas là, il était 17 heures. Bientôt, il allait faire nuit. Les deux autres m'ont rassuré : le vieux briscard avait de l'expérience. En effet, une demi-heure plus tard, Franck fit enfin son apparition. Il nous salua, nous étions réunis dans la tente-salle à manger. Comme pour les Australiens, personne n'avait pu atteindre le sommet du camp 3, le vent avait trop soufflé. Les trois affichaient une mine déconfite. La déception se lisait sur leurs visages. Mon sherpa fit son entrée vers 19 heures. Les présentations faites, il fixa l'heure du rendez-vous pour le lendemain, puis sortit. Efficace, expéditif et pas cher : que demande le peuple ? Alors que je m'apprêtais à partir me coucher, John prit la parole. Il proposa de rester une journée de plus pour que le groupe dans son intégralité puisse revenir au camp de base. Les autres étaient d'accord. Franck prit le talkie-walkie pour prévenir Cliff. Je fus surpris. Mes mots restèrent dans la vallée. J'allai me coucher tôt : prendre le maximum de forces pour la montée vers le camp 3.

J'étais parti depuis une heure maintenant. En route pour le dernier morceau de la combe ouest. Nous avons traversé une rimaye pour nous retrouver au pied du Lhotse, culminant à 8 516 m. Grâce aux cordes fixes installées par les sherpas, nous avons passé avec succès les premières pentes raides et glacées. Pas osé regarder en arrière. Le vertige. Devant moi, la grande arête qui s'élevait vers le Lhotse, pointait l'Everest. Mon jumar coulait le long de la corde, m'aidant à franchir les quelques murs de glace placés à la verticale. Le sherpa me suivait pas à pas. Je sentais sa présence derrière moi comme s'il était mon ombre. Censé être là pour m'aider, il me faisait mal à la tête en me demandant d'avancer plus vite toutes les trente secondes. J'aimais bien grimper à mon rythme. Qu'il me lâche la grappe. Je ne lui répondais pas, j'avançais. À peine le temps d'avaler une gorgée d'eau, il fallait repartir. Lui ne buvait pas, ne bouffait pas, ne suait pas, ne souffrait pas : il escaladait comme s'il se baladait le long d'une plage et balançait des cailloux dans la mer. On avait décollé très tôt le matin. Il y avait des rumeurs qui couraient de vallée en vallée : le Frenchie serait un tocard. L'obligation de rentrer au camp 2 avant que la nuit ne tombe nous pendait au nez. Le mien, de nez, était matraqué par les rayons du soleil de plus en plus agressifs. Ma lèvre avait changé de couleur. La peau de mon visage avait déserté. Le sherpa m'obligeait toujours à garder un certain tempo mais ça ne me correspondait pas. À un moment, je me suis retourné et je me suis énervé.

Les nerfs à vif. Je me suis imposé en haussant la voix. Mon coup de pression fut efficace. On a continué à grimper, il fermait sa gueule. Je ne l'ouvrais plus moi non plus d'ailleurs, plus trop la force pour les commentaires. Je ne faisais plus des pas d'homme, je marchais comme une fourmi. Le sherpa attendait, stoïque, que je continue. Je devais m'extraire de l'existant, pour ne plus penser à la souffrance. Mes yeux étaient clos mais j'étais encore sur cette piste. J'essayais de penser à autre chose mais ça ne passait pas. Il y avait toujours cette côte qui s'étirait et qui n'en finissait pas. En plus, du soleil dévastateur et ingrat. Un pas, trois souffles, en pensant à maman. À nos retrouvailles. Je pensais à son courage. Neuf gosses. Neuf Français. La République qui applaudit. Sa tendresse à mon égard. Je suis arrivé à 6 800 m, elle marchait à côté de moi. Je lui ai demandé si elle avait la force de continuer. Je pouvais redescendre, ce n'était pas la honte : les Australiens avaient rebroussé chemin à cette hauteur. Les trois Anglais avaient été un peu plus haut. J'ai regardé maman. Elle a souri : Yallah, mon fils. Ensuite, j'ai revu ma mère qui portait mon sac alors que je rentrais de l'école primaire. Elle venait me chercher. Je sortais toujours le premier pour ne pas que les autres la voient. Les autres mamans étaient blanches et étaient habillées à la mode. J'avais honte d'elle à cause de sa différence. Maman menait la danse sur cette côte. Je la suivais. Derrière, le sherpa ne disait plus rien. Une partie difficile est apparue devant nous. J'ai laissé ma mère de côté. J'échouai la première fois. Je suis retombé en arrière. J'ai fait une pause respiratoire et j'ai retenté ma chance mais ça ne passait pas non plus, le physique bégayait trop. Le sherpa me regardait impassible, je faisais de la peine à voir. J'ai mis un genou à terre. Sur le côté, maman m'a encouragé avec un regard rempli d'amour. J'ai tiré aussi fort que j'ai pu sur la corde et j'ai écarté mes jambes au maximum pour passer cette difficulté. J'ai tendu les mains et j'ai pu atteindre ce petit bout de paroi, j'avais fait le plus dur. J'ai recommencé les mêmes gestes et le tour était joué. Plus haut, je voyais déjà se dessiner au loin un nouvel obstacle. Encore plus technique. Pour m'encourager, le sherpa est sorti de son silence pour me signifier que j'étais à 7 100 m. Le plus haut du groupe. J'ai continué. Le Pumori, pourtant si haut quand on le contemple du camp de base, apparaissait désormais comme un minuscule sommet. Le Lhotse et l'Everest étaient les seuls à se dresser devant moi. 8 516 et 8 848 m.

De retour au camp de base, je réalise que tout le monde a été bluffé par ma prestation. Des tapes amicales, des mots pour me féliciter. Un amas d'éloges. J'ai enfin l'impression de faire partie de la famille. J'ai atteint 7 300 m. Anish me prend dans ses bras. La tarte aux pommes est à peine sortie des fourneaux. Nous trinquons avec deux verres de thé au lait. Anish sourit. Pour lui, j'ai le niveau pour atteindre le sommet de l'Everest. Je le regarde et je pleure pour le remercier. Depuis que je l'ai rencontré, je viens lui rendre visite à chaque fois que je le peux. Le voir m'aide à positiver. Un après-midi, en face de chez Anish, j'ai aperçu un groupe d'alpinistes assis à l'intérieur d'une petite tente bleue et blanche et qui regardaient un grand écran d'ordinateur. Dedans, aussi, deux sherpas. Brad était magnifique. Torse nu, il embrassait Angelina Jolie. Le cinéma me manquait. J'hésitais à entrer. Je me suis caché un moment sur le côté. J'ai enfilé mon bonnet népalais, remis ma paire de lunettes. J'avais le teint bronzé. Je ressemblais à un sherpa. Je suis entré et je me suis assis. J'ai dit Namaste et le groupe m'a répondu la même chose.

Mon quotidien avait changé depuis que j'avais découvert qu'il y avait un « cinéma » pour les sherpas népalais, et pour une fois, j'étais ravi de présenter une gueule de métèque. Dans mon groupe, j'étais perçu comme un Occidental et quelques minutes plus tard, je me métamorphosais. Les autres m'avaient demandé où je passais mes journées. J'avais raconté des mensonges, leur faisant croire que j'avais rencontré un Français. On se tenait compagnie entre compatriotes. Je ne supportais plus de rester avec eux, même si j'appréciais la compagnie de certains. Surtout de les entendre broyer du noir. Chacun avait une histoire glauque à raconter. Les anecdotes fusaient. Un Anglais : des personnes lui avaient expliqué qu'après 7 000 m il était fréquent de ressentir une impression d'étouffement pendant son sommeil. Là, racontait-il, il ne fallait surtout pas paniquer et se rappeler qu'on ne faisait que rêver et que ça allait passer. Un autre : à tout moment un œdème pulmonaire pouvait se former à l'intérieur du corps. Et puis tout le monde connaissait au moins une personne ayant perdu un orteil, un index, une oreille, etc., durant l'ascension. Il y avait également fréquemment des morts. Plusieurs fois, j'avais essayé de booster le moral des troupes. En vain. À chaque fois que j'essayais d'aller à contre-courant et que je refusais de me laisser envahir par le pessimisme ambiant, les autres me recadraient.

Tout d'un coup, les choses se mirent en mouvement. Un premier groupe partait dans quelques jours tenter l'ascension finale de l'Everest. Une fenêtre météo s'ouvrait. Sans surprise, les Australiens quitteraient le camp de base à l'aube. Je les enviais. Je voulais en finir avec cette aventure. Demain, ils allaient quitter le camp de base et retourner plus bas dans la vallée, à Dengboche, à 3 900 m, afin de se reposer, pour recharger les batteries et faire le plein de globules rouges. Beaucoup d'alpinistes choisissaient cette option. Une fois de retour au camp de base, ils repartiraient le jour suivant vers le camp 1. Avec les Anglais, nous réfléchissions encore sur ce que nous comptions faire. Cliff était favorable au choix des Australiens. John n'était pas convaincu et se demandait s'il ne fallait pas rester au camp de base. Notre adaptation à l'altitude touchait à sa fin. J'espérais que mon corps était prêt. À 8 000 m, nous jouions notre vie. À cette hauteur, la zone de la mort. J'avais respecté les différents paliers. La dernière partie de l'ascension, du camp 4 au sommet, était, selon beaucoup, la plus difficile. Techniquement et physiquement. La motivation serait énorme : la dernière ligne droite, les dernières centaines de mètres à gravir. Nous avions tous rêvé de ce moment-là. Je me suis vu des centaines de fois au camp 4 sortir de ma tente, mettre mes crampons, m'étirer les jambes et les bras, le sac à dos fermé. Ensuite, je soufflerais un grand coup et m'élancerais. J'avais peur, c'est vrai. Tout le monde avait les pétoches. Mais j'étais surtout heureux. Ce sentiment de bonheur me donnait tant d'espoir. J'avais résisté à tellement de choses. Aux moqueries de mes compagnons. À l'antipathie de Cliff. À la souffrance physique. À ce roman à l'eau de rose. J'avais failli renoncer. Je le voulais tellement ce petit bout de sommet ! Oh oui, que j'en avais envie. Je m'attendais au pire, je m'apprêtais à vivre un véritable enfer. Rien ne pouvait m'arrêter. À part une météo incertaine. Il fallait aussi espérer que l'ivresse des cimes ne me gagne pas. Physiquement, je me savais fort. Je ramperais s'il le fallait. J'avais confiance en moi : Maman était toujours à mes côtés. Finalement nous imitâmes les Australiens et rejoignîmes la vallée. Nous sommes restés dans une petite auberge très calme. Nous avons très bien mangé, sur une vraie table, beaucoup bu et nous avons beaucoup dormi, dans de vrais lits, avec de beaux draps. Nous sommes restés trois jours et puis nous sommes remontés au camp de base.

Il y a cinq semaines, je mettais pour la première fois les pieds au camp de base. Dans quelques minutes, je pars pour l'ascension finale. Si tout se passe comme prévu, j'arriverai au sommet de l'Everest dans quatre ou cinq jours. Sans doute le 27 ou le 28 mai. Le soleil dort toujours. Les visages de mes compagnons sont graves, j'ai le sourire sur la figure. Moins à perdre qu'eux. Un outsider. Les tocards le sont tous. Je suis en finale, déjà une performance. Comme à leur habitude, les deux autres Anglais filent à toute vitesse. Je reste avec Franck. Je monte jusqu'au camp 1 pour la dernière fois. Nous commençons à grimper doucement. Garder des forces pour les prochains jours. Les mêmes séracs, les mêmes crevasses. Je franchis les échelles avec une facilité déconcertante. La confiance, mes frères. Après une heure de marche,

176

je suis fatigué. Comme auparavant. Ce n'est pas vrai qu'on s'habitue. Ce qui a changé, c'est que désormais, la douleur glisse sur moi. Incapable de me faire du mal. Je l'emmerde. Pour la dernière fois. Je traîne les pieds mais je ris en même temps. Mes épaules pleurent. Je leur demande d'arrêter de se plaindre. Mes lèvres ont séché. La morve dégouline et vient se coller sur ma barbe. L'envie de me gratter ne me quitte pas. Une toux sèche contractée quelques jours plus tôt m'inquiète également : je tousse sans arrêt comme un vieux fumeur de Gitane. C'est dur, mais je suis trop motivé pour être affecté cette fois-ci. Franck suit tant bien que mal. J'espère qu'il ne lâchera pas. Un costaud, ce Britannique. Il a laissé beaucoup de forces ces dernières semaines.

Je me suis arrêté en plein milieu des séracs, j'ai sorti un Mars et je l'ai partagé avec lui.

Gérard et Sophie ont atteint le sommet de l'Everest. Les deux Français n'ont jamais autant souffert. Même Gérard, pourtant un alpiniste expérimenté. Ils sont partis se coucher dans leur tente. Demain, ils redescendront jusqu'au camp de base. Ils m'ont souhaité bonne chance. Notre groupe s'est réuni dans la tente-mess pour faire le point. Franck avait le talkie-walkie. Il souhaitait des informations sur la météo des prochains jours. Le coach n'était pas disponible, son assistant lui transmettrait le message. Je suis reparti me coucher. Une légère brise caressait la tente. Le froid avait pris place, malgré un soleil omniprésent et agressif. J'étais réchauffé avec mon sac de couchage grand froid enlacé tout autour de moi. J'étais au camp 2, à 6 400 m, à 2 448 mètres du but. Il restait encore un long bout de route. Je sortis mon livre. La fille s'était retrouvée seule un soir et avait été happée par le blues. Florent lui manquait. La fierté l'empêchait de prendre son téléphone pour l'appeler. Souvent, le soir, le garçon posait son portable sur la table de nuit et le regardait avec des gros yeux en espérant qu'elle lui donnerait enfin signe de vie. Les jours passèrent. Toujours rien. J'ai posé le roman. Nora avait fini par craquer. J'avais trop tardé avec elle. L'ego mal placé. Certaines filles n'aiment pas qu'on leur coure après. Ça marche aussi avec les mecs.

La voix de Cliff se fit enfin entendre. Franck se reposait dans sa tente. La ligne était mauvaise.

Le coach a dû répéter plusieurs fois. Il y a eu un long silence. Ensuite, une avalanche m'a fait sursauter. J'ai regardé dehors : elle était venue s'écraser à quelques dizaines de mètres du campement. Les avalanches tombaient de plus en plus près. L'ancien marine s'empara du talkie-walkie. Tout le monde avait entendu ce que Cliff venait de dire mais personne ne voulait le croire. Initialement, il était prévu que le beau temps dure encore six jours. Cliff venait d'annoncer que la météo se gâterait dans trois jours. Une mauvaise nouvelle. Il fallait encore vérifier avec une autre source. Le coach rappellerait. Il semblait bien qu'il faudrait partir aujourd'hui pour le camp 3. Trois jours seulement pour atteindre le sommet de l'Everest. Envolées les journées de repos. Les trois Britanniques paraissaient inquiets. Je ne savais pas quoi penser. Je voulais tellement en finir avec cette montagne. J'ai toujours détesté attendre. Partir maintenant, oui pourquoi pas. Nous étions le 23 mai. Il ne restait plus beaucoup de temps avant la fin de la saison. Trois jours de souffrance. Et après, basta. À bien y regarder, puisqu'il fallait avoir mal, autant y aller le plus vite possible. Je pensais déjà au chemin du retour. Et à mon arrivée en Seine-Saint-Denis.

Mon cœur n'en pouvait plus. Une tendance à s'enflammer, le bougre. Après, j'ai essayé de dormir. À 15 h 30, Cliff n'avait toujours pas confirmé, ou infirmé.

Nous marchons depuis une bonne heure. Nous ne sommes pas encore arrivés au pied de l'arête du Lhotse. La côte est douce mais elle n'en finit pas. On avait décollé vers 17 heures, on avait pris du retard. Chacun avait installé sur son front sa loupiote. On essayait de rester groupés, à quatre, on était plus en sécurité. On avait hâte d'arriver sur la face centrale du Lhotse, parce qu'on savait que de là, c'était direct jusqu'au camp 3. Le temps s'était rafraîchi et pour la première fois, j'avais enfilé la combinaison grand-froid. L'étape allait être longue. Déjà en plein jour, elle demande de produire un effort considérable et une vigilance de tous les instants. Je stresse à l'idée de grimper de nuit. Nous n'avons pas le choix. Mère Nature est toujours la patronne. Nous arrivons au pied de la côte, il est près de 19 heures. Le groupe s'arrête.

John et Terry ont l'air soucieux. Je crois qu'ils hésitent à continuer. Cela contraste avec leur précipitation des premières montées. Déjà, il y a une heure, ils ont émis l'hypothèse de faire marche arrière. La face centrale du Lhotse s'élève devant nos yeux. De nuit, elle est encore plus impressionnante. Il règne une tranquillité, un calme d'une autre planète. L'hésitation de départ devient très vite renoncement. Les deux pensent que la montée vers le camp 3 en pleine nuit comporte trop de risques et qu'on aura encore la possibilité de partir demain. Franck reste stoïque. Les larmes commencent à monter. Je n'en crois pas mes oreilles. D'un coup, je m'énerve. Ils ne comprennent pas. Plus d'un mois que les deux fanfaronnent devant tout le monde. Et là, à la première grande difficulté, ils sont prêts à abandonner. Je souffle un grand coup. Ce groupe a besoin d'un leader. Et ce sera moi, Nadir Dendoune, fils de Mohand Abdallah, et Messaouda Bekka, deux Algériens nés dans les montagnes de Kabylie et qui ont transmis à leur fils le courage et l'abnégation. Je m'énerve encore et je gueule. Demain, ce sera trop tard. C'est ce soir ou jamais. Nous n'avons pas le choix. Je leur rappelle nos six semaines d'attente. Tous ces jours qui nous ont permis d'être enfin prêts. Notre destin est entre nos mains. Je ne veux pas. Je ne peux pas vivre avec le regret de ne pas avoir essayé. La vie est déjà assez difficile comme cela. Je n'ai pas les moyens financiers de revenir. C'est ce soir ou jamais. Je pleure en parlant. J'ai besoin de mes compagnons. Je ne peux pas, je ne pourrai pas escalader seul cette montagne. Je regarde Franck, je cherche son soutien. C'est ce soir ou jamais. Ce n'est pas juste.

J'ai eu l'impression de jouer ma vie sur ce coup-là. Franck a choisi le silence. Je les ai regardés avec toute la détresse qui envahissait mon corps. Ils ont hoché la tête pour montrer leur approbation et nous sommes repartis. Je les ai pressés, craignant qu'ils changent d'avis.

Le ciel est bardé d'étoiles et pourtant on n'y voit pas grand-chose. Je distingue à peine le chemin. J'ai oublié, à cause de ce départ précipité, d'emmener des piles de rechange. Pour l'instant, ma torche frontale fonctionne bien, mais je crains qu'elle ne s'éteigne avant mon arrivée au camp 3. Pendant une bonne heure, John et Terry se tiennent à bonne distance. Franck ferme le rang. Ma « troisième place » me garantit en cas de baisse de régime un possible coup de patte de mon compagnon. Trop risqué pour moi d'être le dernier. Il n'y a personne d'autre que nous sur cette montée.

Coupés du monde. C'est fou d'être là. Presque irréel. Je grimpe, j'ai peur. La frousse de mettre un pied dans une crevasse, de rater une corde, de glisser et de me retrouver cent mètres plus bas. Je tousse sans arrêt et chaque respiration est pour moi comme un couteau qu'on m'enfonce dans la poitrine. Je m'arrête une minute, même le silence je ne l'entends pas. Je me baisse pour écrire sur la neige les mots Courage et Patience. Et puis, je réfléchis : dans quelques heures, je serai à deux jours du sommet. Mes paupières s'alourdissent avec la nuit qui s'allonge. Devant, les lampes des deux Britanniques sont de moins en moins discernables. La même chose pour celle de Franck. Définitivement distancé.

Nous sommes tellement minuscules sur cette montagne, à peine des blattes. Je ne sais pas ce qui me fait continuer, encore une fois je crois que j'arrive à être ailleurs. Ce n'est pas moi qui grimpe, ce n'est pas moi qui suis capable de tout ça, c'est impossible. Je ferme de nouveau les yeux, je fais les gestes machinalement, comme un robot. Je réussis à m'extraire de cette réalité, à fuir cette folie. Je pense à mes parents, à mes grands-parents que j'ai peu connus. Je pense à l'Algérie. Je pense à mon père, au peu de considération qu'il a obtenu en France. Alors qu'il lui avait offert ses bras et ses jambes.

Plus je grimpais avec mes bras et mes jambes et plus je souffrais pour mes proches. Je voulais leur rendre un peu de leur dignité. Réussir pour eux. J'étais seul désormais. Les deux autres avaient totalement disparu de mon champ de vision. Franck était loin derrière. Peut-être était-il redescendu ? La nuit faisait le grand écart. Ma montre était dans mon sac, je n'avais aucune idée de l'heure qu'il était. J'espérais être à mi-chemin, mais je ne reconnaissais pas la route. J'avais peur de louper le campement. Le doute a commencé à s'installer en moi. Il fallait être fort : le plus dur était derrière. J'y étais presque. Tout ne dépendait plus que de moi. De mon courage. J'avais besoin de mental.

Le doute, l'hésitation, c'est pour les autres.

À bout de forces, presque en rampant, j'ai fini par trouver les tentes du camp 3. J'avais crié le nom des deux Britanniques, ma voix se perdait dans la pénombre. J'étais certain de n'être plus très loin. Ma torche n'éclairait plus grand-chose : dans le froid, les piles s'épuisaient plus rapidement que d'habitude. Mes deux compagnons ne répondaient pas. J'ai appelé une seconde fois, en y mettant plus de voix, et une lampe s'est allumée. Terry a jailli. J'ai poussé un ouf de soulagement. J'étais arrivé. Ils ont voulu savoir si Franck m'accompagnait. Il finirait par nous rejoindre. Je me suis installé dans ma tente, plus la force d'enlever mes chaussures, alors j'ai laissé mes pieds dépasser dehors. J'avais soif, mes gourdes étaient vides. Mon sac était rempli de barres chocolatées. J'ai eu du mal à déchirer l'emballage de l'une d'entre elles. J'ai utilisé mes dents : ma mâchoire craquait à cause du froid. Le chocolat était dur comme de l'acier alors je l'ai sucé. Physiquement, il n'y avait plus rien. Comment allais-je pouvoir continuer demain ? Le départ vers le camp 4 était prévu dans quelques heures. Il était déjà 2 heures du matin. Je n'ai pas eu envie de dormir tout de suite. Je m'inquiétais pour Franck. J'avais peur qu'il nous loupe et qu'il finisse par se perdre. Il partageait ma tente. Les autres s'étaient déjà endormis. Je me suis allongé, mes yeux se fermaient doucement. Plus bas, Franck se battait comme un lion pour pouvoir nous rejoindre. Je pensais à lui, je l'avais tellement vu souffrir. Plus que jamais, les images de son dernier échec devaient resurgir. Sans doute, la peur de devoir vivre avec une troisième déception l'empêchait d'abandonner. J'ai fini par m'endormir.

J'ai entendu ses pas dans la nuit. J'aurais entendu une mouche voler tellement le silence crevait l'espace. J'ai crié son nom, je lui ai dit Nous sommes là, par ici, prends sur ta droite. Pourtant, je m'étais assoupi. Il est arrivé dans un état de délabrement avancé. J'étais content de le voir, on n'était pas encore les meilleurs amis du monde mais on avait souvent grimpé ensemble, alors des liens d'amitié avaient fini par se créer. Franck s'est couché comme il a pu. Ensuite, d'une voix faible, il a dit qu'il ne savait pas s'il allait tenir jusqu'au bout. Pour lui, cette ascension était plus difficile que les deux précédentes. Franck venait d'avoir cinquante ans.

Nous avons dû dormir trois heures en tout. Nous avons fait cuire de la glace, nous n'avions plus d'eau. John et Terry nous ont rejoints dans la tente et nous avons essayé de manger. Tout le monde était très fatigué. Il était trop tôt pour appeler Cliff, pour lui annoncer que nous étions bien arrivés à destination. La glace prenait un temps fou à fondre. J'avais soif. Il faisait très froid, nous étions à 7 300 m. Ma bouche était pâteuse et la morve dégoulinait jusqu'à ma bouche. C'était désagréable mais je faisais avec. On attendait les sherpas. Ils devaient nous apporter des bouteilles d'oxygène. À partir de cette hauteur, il devenait trop dangereux de grimper sans une aide artificielle. L'air se faisait rare et les risques d'œdèmes, cérébraux ou pulmonaires, étaient multipliés. Pour le premier cas, les troubles étaient causés par une trop grande accumulation de liquide dans le cerveau. La maladie pouvait parfois se déclarer sans signes avant-coureurs. Sinon, elle se manifestait par des vomissements, des maux de tête violents, des pertes de mémoire et un comportement irrationnel. Si le malade n'était pas tout de suite redescendu, il pouvait alors tomber dans le coma, voire perdre la vie, parfois en moins de douze heures. Un œdème pulmonaire pouvait arriver quand trop de liquide avait pénétré dans les poumons. Les symptômes se traduisaient par un essoufflement anormal, une toux sèche et irritante, une difficulté à aller pisser. Là encore, la mort pouvait frapper si la descente n'était pas engagée rapidement. Sexy, non ? En attendant, l'ancien marine pestait sur le fait que nous avions dû partir la veille à la hâte. Il s'entêtait à revenir en arrière. Et fustigeait le manque de réactivité de Cliff, qui aurait dû prévoir le changement météo en amont. Je ne l'écoutais pas, c'était Monsieur Négatif, pour lui tout était pourri. Ce matin, j'ai senti l'ancien marine moins sûr de lui. La peur, mes frères. Et puis, il commençait peut-être à fatiguer. Il avait également plus à perdre que moi.

Il est à peine 7 heures du matin. Le soleil semble déjà prêt au combat. La journée s'annonce chaude. Sur tous les points de vue. Vaut mieux ne pas y penser. L'avant-dernière étape. Je sais qu'à la fin de cette journée j'aurai enfin le droit de tenter ma chance pour le sommet final. Je suis si près du but. Je n'ai plus grand-chose dans le réservoir. Jambes tétanisées, épaules meurtries, figure cramée par le soleil, lèvres crevassées et une toux épouvantable : je suis dans un piteux état. Mais à 1 500 mètres du but, je ne peux pas abandonner. Et puis, je veux revenir en vainqueur. Pendant longtemps, j'ai été dans le camp des perdants. Mes compagnons affichent des mines défaites. Nous approchons de la zone de la mort. À 8 000 m, tout est possible, tout peut aller très vite. Je repense à ces phrases entendues au camp de base et mon cœur se met à accélérer. Je m'extirpe de la tente. La paroi est encore très raide. Sur ma gauche, le sommet de l'Everest paraît encore très loin. Mais je le vois enfin. Je retourne dans la tente, le bœuf est prêt. Franck essaie de manger, lui qui d'habitude n'avale rien. Les deux autres ne parviennent pas à trouver l'appétit. Mon assiette à moi est remplie, j'ai bien l'intention de la vider. Reprendre des forces.

Il nous restait 500 mètres de dénivelé à gravir pour atteindre le Col Sud où se trouvait le dernier camp. Le soleil n'avait jamais tapé aussi fort. Le vent avait décidé de jouer le déserteur. Même pas une brise. Habituellement, un sherpa suivait à partir du camp 4, et ce, jusqu'au sommet. Là, Cliff en avait dépêché quatre pour nous venir en aide. Le mien, je le connaissais de vue, pour l'avoir croisé plusieurs fois au camp de base, mais nous n'avions jamais palabré ensemble. J'avais tenté d'obtenir Bijay, mais ce dernier avait été affecté à un autre alpiniste. Nous avons décollé à 8 heures du matin pour être certains d'arriver au camp 4 avant la tombée de la nuit. Je respirais avec un masque relié à une bouteille d'oxygène. Avec la morve qui coulait et qui séchait sur ma barbe mal taillée, le port de ce bout de plastique m'était, dès le départ, insupportable. Je peinais à respirer avec ce machin collé sur ma bouche. Par moments, je le décalais pendant quelques secondes sur ma joue droite, histoire de me soulager un peu. Les autres avaient filé devant. Même Franck n'était plus à la traîne. Son allure était meilleure, il marchait juste devant moi et semblait avoir bien récupéré de son calvaire de la veille. L'ancien marine avait disparu de mon horizon. J'avais encore de la marge devant moi. Pas besoin et pas question de paniquer. Je grimpais à mon rythme, lentement mais sûrement. Nous traversions un grand couloir au bout duquel une bande de rochers jaunes se dressait. D'autres pierres recouvertes de neige sont apparues juste après, le passage s'appelait « l'Éperon des Genevois ». Le sherpa se rapprochait souvent de moi, sa façon à lui de me mettre la pression et d'accélérer le pas. Je n'aimais pas le sentir trop proche. Je me suis arrêté un moment. J'ai enlevé mon gant droit pour pouvoir prendre une barre chocolatée dans mon sac, c'est à ce moment que le sherpa a parlé pour la première fois. Ce que je faisais était très risqué, beaucoup, en agissant ainsi, perdaient leurs moufles. J'ai proposé au sherpa un bout de chocolat, il a refusé. Après, il a insisté pour qu'on reparte vite : nous avions l'obligation d'arriver au camp avant 18 heures. La montée était très verticale, j'avançais lentement. Un pas, trois souffles. J'avais l'impression d'avoir un seul poumon en état de marche. Je décidai de limiter les arrêts. J'ai essayé de penser à autre chose. J'étais entre Plovdid et Sofia, en Bulgarie. J'étais parti à l'aube en bicyclette. Une pluie faite de crachats rendait la chaussée glissante. Les températures étaient de saison, c'est-à-dire en dessous de zéro. Nous étions début mars. Le vent s'est ensuite mis à souffler très fort. Après 10 kilomètres de route, j'étais trempé jusqu'aux os. Forcé de m'arrêter dans une station-service pour tenter de me réchauffer, je tremblais de froid. Il me restait 140 kilomètres à pédaler. Une caissière vit ma détresse et me ramena un bol de soupe. Ensuite, voyant mon état, elle me proposa de monter dans un camion qui se rendait jusqu'à Sofia, ma destination. Bien que tenté, j'ai refusé. La neige avait remplacé la pluie. Je décidai de ne pas m'arrêter, j'avais peur de ne plus pouvoir repartir. J'ai inventé un nombre de kilomètres restant à faire. Quand il me restait 130 kilomètres, je me faisais croire qu'il n'en restait plus que vingt. Et ainsi

de suite : j'ai fini par arriver à Sofia. La voix du
sherpa me ramena à ma réalité. Go. Toutes les
deux minutes, j'avais droit à « go ». Le soleil me
torturait. Je ne sentais plus mes épaules. Les
mêmes pas saccadés, les mêmes courbatures, les
mêmes douleurs au bras. Et l'autre qui n'arrêtait
pas avec ses « go ».

Le sherpa raffolait d'insultes et son répertoire
était riche. Je faisais ce que je pouvais.
N'étaient-ils pas là pour nous aider ? Sans
raison, il se mit à me traiter de chien, de pourri-
ture, et d'enculé. D'une élégance. Trop crevé
pour répondre, du moins pour l'instant. La
rébellion n'est jamais loin. Juste une question de
temps. Le chemin bifurquait sur la gauche. La
glace avait disparu et on voyait les rochers. Cette
partie était plus technique. Je gardais la tête
baissée, à la recherche d'un second souffle. Je l'ai
relevée, un alpiniste descendait et a failli me
heurter. Ranulph, l'explorateur britannique,
abandonnait. Mon ami n'avait pas pu atteindre
le camp 4, un problème avec son cœur. Il m'a
offert du courage. J'ai été triste pour lui et j'ai
continué. Il aurait mérité d'aller au bout. Son
second échec. Le sherpa m'a poussé violem-
ment. Cette fois-ci, ma tête a failli embrasser la
glace, j'avais perdu l'équilibre. Je ne disais

toujours rien. La cocotte-minute à l'intérieur était à deux doigts d'exploser. La morve était collée sur ma barbe. De nouveau, j'ai regardé le sol. Il était midi. Une véritable fournaise. Un enfer blanc.

Je baissais la tête et je marchais comme un pèlerin. De nouveau, j'ai vu les crampons d'un alpiniste venir vers moi. Sur le coup, je l'ai salué comme si je le croisais dans un bistro du coin. Je n'avais pas remarqué qu'il redescendait. John était au bout du rouleau. Toujours énervé et ne comprenant pas comment Cliff avait pu ne pas prévoir le changement météorologique. J'ai été surpris de son abandon. Le meilleur de la bande qui jetait l'éponge, le crack, c'était lui, l'as des as. J'avais toujours pensé que s'il y en avait un du groupe qui avait le niveau pour atteindre le sommet de l'Everest, ça serait lui. J'ai essayé de le raisonner. Pour être honnête, je l'ai fait du bout des lèvres. Pour la norme, pour la forme. En fait j'étais heureux. Oui, j'étais heureux. Il m'avait fait chier pendant deux mois. Il avait essayé à chaque fois qu'il le pouvait de me casser le moral. Je n'éprouvais aucune tristesse pour lui. La roue tourne, mon coco. Pour bien enfoncer le clou, je lui ai conseillé de rentrer, que c'était peut-être une sage décision. Il y avait une femme qui l'aimait en Angleterre. Et puis, la santé passe avant tout. Il semblait dépité. J'ai passé ma main sur son épaule, en signe de réconfort. Je l'ai regardé droit dans les yeux, comme un père qui fait la morale à son fils. Pour le rassurer. Ensuite, je lui ai dit que moi aussi j'en avais marre et que j'allais sans doute monter au camp 4, avant de redescendre. Il est parti, les épaules rentrées, les bras ballants. Moi redescendre ? Plutôt crever. Son échec était une raison de plus pour continuer. Pour réussir. Dans un élan de mesquinerie, j'ai sorti mon majeur et je l'ai pointé vers sa direction. Le sherpa m'a poussé dans le dos. Et nous sommes repartis.

L'arrivée au camp 4 s'éternisait. Le fait de le voir au loin m'aidait à ne pas lâcher. La glace avait disparu et je devais franchir un long mur fait de rochers. Mes crampons crissaient dessus. J'avais demandé au sherpa de me laisser continuer seul. Il avait poussé trop loin le bouchon de la provocation. J'avais fini par me révolter. Il avait compris que je ne blaguais pas et s'était calmé très vite. L'arête était encore baignée par la lueur du soleil couchant. Derrière ce rempart de pierres, se trouvait le dernier camp. Je suis arrivé le dernier vers 18 heures au Col Sud, à bout de forces. Franck était là depuis une bonne heure. Le camp était installé sur une portion plate. Je me suis installé à l'intérieur de ma tente. J'avais deux, peut-être trois heures pour essayer de récupérer un peu, pour reprendre des forces. Vers 20 h 30-21 heures, le sherpa viendrait me chercher pour la dernière étape. Une casserole remplie d'eau bouillante était posée dehors, j'ai plongé deux sachets de soupe. J'ai attrapé une gourde et j'ai avalé l'eau d'un trait. Le potage fut prêt en deux minutes. Comme l'eau frétillait toujours, j'ai lâché à l'intérieur un paquet lyophilisé de ragoût au bœuf. J'avais de l'appétit. Ventre plein, je devais désormais dormir un peu. J'étais crevé. Nous étions à 8 000 m : cette hauteur n'était pas faite pour les hommes. La chasse gardée des aigles et des avions. J'étais très, très fatigué, mais parfois ce n'est pas suffisant pour dormir. Je devais vider mon esprit, surtout ne pas penser que dans deux heures, j'allais repartir de nouveau, pour une nouvelle étape, pour vivre de nouvelles souffrances. Ne pas y penser. Fermer les yeux et se vider, profiter de ce dernier moment de repos. J'étais dans la tente avec Terry. Il était attristé par l'abandon de John. Il était son ami. Je l'ai réconforté en lui disait qu'il reviendrait. John était un guerrier. Je me suis endormi. Je ne sais pas encore comment j'ai réussi ce soir-là à sombrer dans les bras de Morphée. J'avais fait le plus dur. Une sieste de deux heures qui, je ne le savais pas encore, allait valoir une bonne nuit de repos.

C'est l'heure. Le sherpa s'est approché de la tente et a dit de se préparer. Je m'étais assoupi, la chance d'avoir pu fermer l'œil. Le ciel est magnifique. Pleine lune, mes frères. Le vent est au chômage. Les conditions idéales pour une ascension. Pour finir en beauté. J'avais imaginé ce moment un milliard de fois. Le gars de Liverpool est toujours allongé. Ses yeux sont grands ouverts. Je commence à m'habiller avec la plus grande peine, notre tente est minuscule. Mon compagnon a mis sa main droite sur son front. Je remplis mes deux gourdes, ramasse quelques barres chocolatées qui traînent sur le sol. Je regarde Terry pour lui offrir mon meilleur sourire. À douze heures du bonheur. Franck est dans la tente d'à côté. J'espère qu'il va bien et qu'il a récupéré. Les choses doivent s'accélérer dans sa tête à lui aussi. Je suis prêt en quelques minutes. Il ne me reste plus qu'à enfiler mes chaussures. Mon compagnon n'a pas bougé d'un pouce. Je suis surpris. Dehors, les sherpas nous pressent pour qu'on sorte. Il est plus que temps de partir. Je serre ma torche sur mon front. Mes bottes d'escalade sont toujours dehors. Je les fais entrer, les pauvres, elles doivent se les geler. Je colle sur mes deux chevilles des mini-plaques chauffantes et je fais la même chose avec mes poignets. Bien protéger les extrémités. À plus de 8 000 m d'altitude, il suffit parfois de quelques minutes pour perdre un doigt ou un orteil. Terry attend sûrement que je finisse pour se préparer à son tour. Je sors. Couvert de la tête aux pieds. Une cagoule et un bonnet et deux paires de gants. Je m'étire plusieurs minutes. J'appelle mon compagnon. Son sherpa s'impatiente. Pas de réponse. Je passe ma tête dans la tente : il a les yeux fermés.

Terry renonçait à aller plus haut. Il partirait le lendemain. Je lui ai rappelé que la météo allait se gâter. Physiquement, il se sentait plutôt bien. Il justifiait son abandon par un mauvais pressentiment. Une question de feeling. J'avais peur également. Moi aussi, je craignais qu'un sérac se détache, je connaissais les risques d'œdèmes cérébraux ou de crise cardiaque. J'ai pensé aux avalanches, nombreuses à cette hauteur. J'ai regardé mon compagnon et j'ai commencé à lui parler avec le cœur. Je l'aimais bien. La dernière ligne droite mon frère. Le rêve à portée de crampons. Encore douze heures de souffrance pour en profiter jusqu'à la fin de nos jours. Et puis, enfin, nos efforts allaient être récompensés. Nous avions fait le plus dur. Il suffisait de serrer une dernière fois les dents. Je lui disais ces mots comme pour me convaincre moi-même. Terry avait droit à ce bonheur. Il l'avait mérité. Le sommet de l'Everest était à 900 m. Ses yeux ont commencé à tremper. Je n'ai pas insisté. Il était temps de partir. Je me suis rappelé qu'il était le papa d'une petite fille.

J'avais perdu un peu de temps en essayant de convaincre l'Anglais. J'étais donc le dernier à partir. La côte n'avait jamais été aussi verticale. Des dizaines de grimpeurs se suivaient à la queue leu leu. Leurs loupiotes clignotaient au loin. Je me sentais plutôt bien : la sieste et la nourriture que j'avais pu ingurgiter durant ces deux heures de repos m'avaient redonné une pêche d'enfer. Le moral était au beau fixe : je commençais à croire à une fin heureuse. J'avais souffert, j'allais être récompensé de mes efforts.

J'ai fixé mon masque à oxygène et allumé ma lampe frontale. Elle éclairait à 10 m. Heureusement, la lune servait de lumière naturelle. La glace était dure. Je frappais fort dessus avec les crampons. J'enchaînais les mouvements sans réfléchir, le geste était devenu automatique. Il ne pouvait rien m'arriver. J'ai croisé sur ma route d'autres alpinistes, à la limite de l'abandon. À peine un regard et je continuais. Je n'allais pas forcément vite mais je ne m'arrêtais pas. On traversait des endroits faits de rochers, mes crampons crissaient dessus, je n'étais pas à l'aise, et devais toujours m'y reprendre à deux fois pour pouvoir les passer. Mon sherpa était silencieux, bien installé dans mes pas. Le masque à oxygène me gênait. La nuit était belle et douce. Je souffrais toujours autant mais j'avais déjà réussi dans la tête, le physique suivrait. Quoi qu'il arrive. En mode guerrier, mes frères. Tout allait bien. Très bien. En plein bonheur. Mais ça ne dure jamais vraiment longtemps. Comme la passion entre deux êtres. Le sherpa s'est réveillé, il m'a insulté, gratuitement. Je ne disais rien, ne répondais rien. À quoi bon ? Laisser passer l'orage. J'avais encore besoin de lui. Surtout pour la descente. Je me suis demandé où il avait appris toutes ces cochonneries. Pas à l'école des sherpas en tout cas. Il me disait que j'étais un connard, un bâtard, ma mère aurait été ravie. Et que je devais fermer ma gueule et avancer. Ses mots résonnaient comme un écho. La nuit était épaisse. Il m'a poussé très fort dans le dos et j'ai failli perdre l'équilibre. Ensuite, sa main est venue atterrir sur mon crâne. J'ai vu rouge parce que ma patience a une ligne d'arrivée. J'ai levé la main et fait mine de le frapper. Il m'a tenu tête et bombé le torse. Les prémices d'une bagarre de chiffonniers à plus de 8 000 m ! Et merde, je n'étais pas arrivé au bout de cette montagne, avec un type de sa sorte collé à mes basques. J'ai voulu prendre une photo. Immortaliser ce que je voyais. J'ai enlevé la moufle droite. J'avais encore en dessous le gant en satin. J'étais fatigué, les yeux à moitié clos. La moufle est tombée. Très vite, trop vite, une fraction de seconde d'inattention et elle a dévalé la piste tout schuss. Putain de merde. Mon cœur s'est mis à battre très vite. J'avais peur. J'ai pensé à la main de Ranulph : il avait perdu plusieurs doigts à cause du froid. J'ai regardé plus haut. Le sommet de l'Everest était encore loin. À trois heures de marche d'ici. Peut-être même un peu plus. J'étais dans une merde internationale.

Le sherpa me tend sa moufle. Le vent a tourné, sa conscience professionnelle a pris le dessus. Je m'empare prestement du gant. Il vient de sauver ma main droite. Entre autres. Ensuite, nous repartons, et les insultes reprennent. On peut être solidaire et con. Ce n'est pas antinomique. Je ne réponds plus à ce déferlement de haine. Je lui en dois une. La montée est interminable. Je grimpe sur une crête bordée de gouffres gigantesques qui doit me conduire au sommet Sud. Sur ma gauche, un abîme de 2 400 m plonge vers le Népal, sur ma droite, une falaise de 3 000 m surplombe le Tibet. Toute la nuit, j'ai répété les mêmes gestes inlassablement. Ma main agrippe la corde avec peine. J'ai aperçu Franck au départ, depuis, je n'ai plus de nouvelles de lui. J'espère qu'il continue son chemin. Nous traversons la zone de la mort où tout peut arriver, en une fraction de seconde. À cette hauteur, le métabolisme se détériore fatalement et le temps passé dans cette zone doit être réduit au minimum. Le sherpa est enfin aussi silencieux que la montagne. Pendant une heure, nous grimpons d'un rythme lent mais régulier. Un pas, trois souffles, je tire fort sur les bras pour pouvoir avancer. Un pas, trois souffles, un pas, trois souffles.

Une nouvelle fois, le sherpa s'est énervé sans raison apparente. Je l'ai laissé se défouler, je portais sa moufle. On ne m'avait jamais insulté comme ça. Même les flics n'étaient pas allés aussi loin. Je continuais à avancer pourtant. Plus aucune pause n'était permise. Apparemment, ça n'allait pas assez vite pour lui. Il me demandait d'accélérer, j'étais au maximum. Il me disait que je le dégoûtais, il n'avait pas vu sa gueule, lui. Je ne risquais pas de m'endormir avec toute cette violence qui me tombait dessus. Ensuite, il m'a filé des baffes sur la tête. J'ai commencé à l'insulter en français, pour m'échauffer la voix. Je lui ai dit Ta mère est une pute, ton père est un bâtard, et quand on sera en bas, je baiserai ta mère. Je suis sûr que sa mère à poil, j'aurais jamais eu envie de la niquer, j'avais juste les nerfs à vif. Il ne comprenait rien et il continuait son jeu. Je me suis retourné, j'ai agité les mains en l'air et j'ai crié en anglais : « *I am going to fuck your mother, wait and see.* » Sa mère, je ne la connaissais pas pour de vrai mais je ne l'aimais pas, elle dégageait trop de haine. Il était imperméable à mes insultes. C'était irréel comme situation. J'ai crié aussi fort que j'ai pu, j'aurais pu déclencher une avalanche. Je l'ai insulté lui, jamais ses origines, c'était d'abord une affaire personnelle. J'avais toute ma tête quand lui avait perdu la boule. À un moment, je me suis retourné : il avait des yeux, j'ai cru qu'il allait me tuer. On s'insultait à tour de rôle, j'oubliais que j'étais en train de grimper l'Everest, la souffrance ne m'atteignait même plus. J'étais arrivé au Balcon à 8 500 m. J'oubliais qu'il y avait 2 000 m de vide de chaque côté, que le moindre faux pas était fatal. Je regrettais Bijay, il était d'une douceur ce mec. Je recherchais l'aube, je pensais que c'était la nuit qui rendait le sherpa marteau.

L'aube a fini par arriver, nous donnant enfin la chance d'admirer ces somptueux paysages. Elle est venue sans prévenir. J'ai cru que mes yeux allaient m'abandonner. J'étais au-dessus des nuages. Je voyais tout. Une multitude de montagnes. Des 6 000 et des 7 000 m. De tous les côtés. C'était magnifique. La plus belle chose que l'on puisse voir. J'ai pleuré d'émerveillement. Sur ma droite, brillait le plateau tibétain avec, à l'infini, ses glaciers et ses lacs. Derrière moi, l'arête trempait encore un peu dans la nuit et pointait vers le magistral Makalu, cinquième plus haut sommet du monde, à la forme d'une pyramide à quatre côtés. Sur ma gauche, le Khumbu, Kang Taiga, Mera Peak, et Ama Dablam semblaient minuscules. Le ciel était clair, la vue dégagée. J'étais au-dessus des nuages. Le sommet Sud était tout proche. Plus haut, je distinguais le ressaut Hillary. Je n'étais plus très loin de mon but. Je n'avais jamais vu, et ne verrais sans doute plus jamais de choses aussi belles. Je bandais de plaisir, c'est une expression mes frères. Personne n'a le zizi dur à cette hauteur.

Le sherpa désirait redescendre. Il disait c'est trop tard, les bouteilles d'oxygène vont bientôt s'épuiser. On était tout près maintenant. Je suis arrivé sur une petite voûte de glace. Elle marquait le sommet Sud. J'étais à 8 700 m. Proche de la fin. Le Toit du Monde à portée de crampons. Malgré ses paroles, le sherpa continuait à me suivre. J'essayais de gagner du temps, de le convaincre de rester. J'accélérais, je ne savais pas comment, sans doute motivé par les menaces du sherpa. À un moment, mon guide s'est arrêté net. J'avais laissé passer ma chance. Il ne me restait que des miettes à gravir, c'était trop con, trop bête, il y avait trop d'injustice dans cette histoire. J'avais mérité l'Everest. Les larmes ont dégouliné comme les chutes du Niagara. Mon cœur saignait. Je me suis retourné, le sherpa n'avait pas bougé. Ça sentait le roquefort moisi. J'ai réfléchi deux minutes pour trouver un moyen de le convaincre. À chaque problème, sa solution. Les insultes ne marchaient pas, la gentillesse non plus. Il ne me restait plus qu'une seule solution, j'aurais dû y penser avant. Du sommet Sud, je suivais l'arête sud-est, aussi large qu'un banc. Sur la traversée de la corniche, un mauvais pas et je pouvais me retrouver six pieds sous la glace. Avec le sherpa, je ne jouais pas ma vie, mais c'était tout comme. Au pied du mur, plus question d'avoir des états d'âme. J'étais prêt à tout, sans rire, j'aurais tout fait pour concrétiser mon rêve. J'étais le roi de la tchatche. Je l'ai regardé profondément, comme si j'allais faire entrer mon corps dans ses yeux. Il a détourné le regard, visiblement gêné. Je lui ai dit, avec la conviction d'un homme désespéré. Je lui ai dit Écoute mon frère, emmène-moi là-haut, tu seras un homme riche, je te filerai un tas de pognon, j'ai du fric à ne plus savoir qu'en faire, je suis blindé, je suis un putain de bourgeois. Un Charles-Mohamed. Il est resté quelques minutes sans rien dire. Je pouvais lire dans ses yeux. Il pensait à sa famille restée au village, il voyait les légumes qui cuisaient dans la marmite, il se souvenait des coupures d'électricité, sa maison qui tombait en ruine, et qu'il voulait tant remettre sur pattes. Il est reparti. Je grimpais et je lui disais : T'as fait le bon choix, tu vas être le roi du pétrole dans ton village. Il continuait à m'insulter, c'était plus fort que lui. Je riais aux éclats, J'ai plein d'argent, je lui disais, des euros et des dollars, je peux même t'avoir des livres sterling, j'ai des dinars mais cette monnaie-là, tu ne dois pas connaître. J'ai tout l'argent qu'il te faut, je te récompenserai si on arrive au sommet. Il me suivait, me cognait et me traitait encore de noms d'oiseaux. Le fric, c'est chic, mes frères.

C'était la dernière difficulté : j'étais sur le ressaut Hillary. Un mur de roche de 12 mètres de haut à 8 760 m d'altitude. Le sommet était désormais visible. La carotte financière avait fait des merveilles. Le sherpa se plaignait toujours du manque de temps pour redescendre. Je me retournais et je faisais avec ma main droite le geste que l'on fait pour désigner l'argent. Ça marchait toujours, il se calmait trente secondes puis il recommençait à m'insulter. J'ai regardé l'Everest et j'ai commencé à lui parler. Je me suis excusé auprès d'elle pour mon manque de respect. Je ne la connaissais pas et je m'étais

permis de débarquer chez elle. Sans prévenir.
Sans montrer patte blanche. Maman m'avait
inculqué d'autres valeurs. J'ai eu honte de m'être
comporté de la sorte devant Chomolungma,
« Déesse mère de la Terre ». Je savais qu'elle me
faisait une fleur. Elle m'ouvrait sa porte. Et son
cœur. Elle m'avait choisi, je le savais. Je l'ai
remerciée. J'étais heureux d'être là avec elle. J'ai
souri. Je ne l'oublierais jamais. Bientôt, je serai
auprès de maman. Mon autre Everest.

*Les prières tibétaines flottent sur le Toit du
Monde. La crête se trouve à quelques mètres.
Encore quelques minutes de marche. J'ai atteint le
Toit du Monde : j'ai supporté la souffrance, je l'ai
acceptée. Franck est là, il se repose sur le bas-côté.
Il a lui aussi réussi à concrétiser son rêve. Il redescend. Le visage défait. Je l'enlace. Il ne bouge pas.
Je le félicite. Il semble être ailleurs. Je crois qu'il
ne me reconnaît pas. Sans doute est-il atteint par
l'ivresse des cimes. Je continue. Je crie mon
bonheur. Je suis seul avec le sherpa. Moi, au
sommet de l'Everest. Putain. Je fais mes derniers
pas en chialant comme une madeleine. Putain j'y
suis. Putain maman, j'y suis. Putain papa, j'y suis.
Putain frangines, j'y suis. Putain frérot, j'y*

suis. Putain la famille, j'y suis. Putain le 93, j'y suis. Putain L'Île-Saint-Denis, j'y suis. Putain, toutes les banlieues et les cambrousses sans réseaux, j'y suis.

Le sommet était tout petit, une butte d'à peine 3 m de long. Il était 9 heures du matin. Je me suis installé dessus et j'ai regardé l'horizon. J'avais l'impression d'être assis dans un Boeing où il n'y avait pas de toit. Plus bas, les nuages ressemblaient à une tignasse mal peignée. Sous mes pieds, une assemblée de montagnes me donnait envie de me jeter dans l'abîme pour les rejoindre. Je dominais la terre. J'ai enlevé mon masque à oxygène pour respirer à l'air libre. C'était dangereux mais je m'en foutais du risque de mourir. J'ai levé mon poing droit vers le ciel. La rage, mes frères. Le sherpa a insisté pour qu'on redescende. Nous venions d'arriver. Je lui ai rappelé qu'une grosse somme d'argent l'attendait au camp de base. J'ai sorti mon appareil photo. À l'intérieur de mon slip, les batteries étaient toujours aussi chaudes. J'ai attendu quelques minutes pour qu'elles s'habituent au froid. Le sherpa a fini par comprendre où il fallait appuyer. Je lui ai dit avec le sourire, Mitraille-moi enculé, mitraille-moi, fais-toi plaisir mon salaud, avec le

211

numérique c'est de l'illimité. Le sherpa m'a rendu l'appareil. Il refusait de prendre des photos, il souhaitait redescendre immédiatement. J'ai failli lui dire, À chaque photo, t'empoches 100 dollars, mais là, même un yak aurait compris que je me foutais de sa gueule.

Mon sac à dos était posé sur ma gauche, j'avais clippé sur la lanière un mousqueton pour ne pas qu'il glisse plus bas et qu'il aille rejoindre les profondeurs de la montagne. J'ai fourré ma main à l'intérieur pour me saisir du carton en cœur que j'avais confectionné plus bas et où il était inscrit 93, le département le moins aimé de France et l'un des plus pauvres. Avec fierté, tout en restant assis, je l'ai brandi. Le sherpa photographiait de manière mécanique. Je me suis levé et j'ai crié en français : « J'habite la cité Maurice-Thorez à L'Île-Saint-Denis. Treize immeubles, 1 500 personnes. La France qui se lève tôt et celle qui rentre du boulot par le dernier métro. »

Avant de quitter Paris, j'avais eu un super concept en tête : une fois arrivé en haut de l'Everest, je planterais côte à côte les deux drapeaux, le français et l'algérien. Une manière de réconcilier mes deux identités, moi qui suis si paumé d'être d'ici et de là-bas, c'est-à-dire de nulle part. Et me réconcilier avec un pays que j'aimerais tant aimer, mais qui a si mal accueilli tous ceux comme mon père, les métèques, les traîne-savates, venus du monde entier pour construire sa prospérité. Et qui, toute leur vie, ont subi la relégation en baissant les yeux. Mon papa est arrivé en France en 1950, sans visa, l'Algérie c'était comme Neuilly-sur-Seine. L'oncle de ma mère avait combattu la barbarie nazie. Pendant quinze ans, le cousin de mon père avait servi sous les drapeaux et était parti au front : la Deuxième Guerre mondiale et l'Indochine, entre autres... J'ai sorti le drapeau algérien et je me suis demandé ce qu'avaient fait les ancêtres de Sarkozy pour la France. Je répondais à ces provocations. J'étais français et algérien. Mon père, lui, était algérien d'origine française ! Mes parents ne m'avaient jamais appris à détester la France. Pas un mot de travers. Et pourtant, je n'y arrivais pas. Le sherpa appuyait comme un taré sur le bouton de l'appareil photo. Plus que tout, j'avais besoin de mon identité algérienne. J'ai regretté d'avoir appris plus tard, trop tard, que les Arabes avaient été les rois de l'architecture, qu'ils avaient inventé les mathématiques. L'estime de soi, mes frères. Le drapeau français attendait son tour. Je le voyais dépasser du sac. À ses côtés mon roman tout pourri. J'ai pensé à Clara et Florent. Avaient-ils fini par se retrouver ? Comme à beaucoup, le BBR me rappelait le FN. J'ai pensé aux gardes à vue, à ce policier qui avait sorti son sexe et s'était assis sur moi. J'ai revu les contrôles d'identité qui se répétaient sans fin, et qui continuaient aujourd'hui. À chaque fois, un point de moins pour ma « francitude ». Je pleurais comme une chieuse. Le sherpa me regardait les yeux écarquillés. Nicolas, avide de pouvoir, osait un « La France, tu l'aimes ou tu la quittes ». Une phrase d'une violence inouïe. Je détestais mon pays et je l'aimais. Comme la cité. Le pardon libère l'âme. Trop tard. La France, ce n'était pas que Sarkozy, ce n'était pas que le FN. Alain et Michel préféraient passer la nuit dehors avec nous que d'aller danser sans nous. Les videurs nous avaient une nouvelle fois recalés à l'entrée. Pascal faisait des pieds et des mains pour me trouver un emploi. Yannick pédalait à mes côtés, nous longions la côte est de l'Australie. Trop tard. J'étais décidément trop loin de la Paix.

À 8 848 m, la vie est impossible pour l'homme. L'oxygène n'a pas la force de grimper jusqu'à cette hauteur. Ici, l'air contenait trois fois moins d'oxygène qu'à L'Île-Saint-Denis. Les minutes coûtent cher à cette altitude. Après un peu plus d'un quart d'heure passé sur la cime, il était temps de quitter Chomolungma. La descente est plus bien impressionnante que l'ascension. La plupart des accidents ont lieu sur le chemin du retour. Je comprends pourquoi. Une fois l'euphorie passée, la vigilance baisse la garde. Le désir de continuer fout le camp. Comme après avoir éjaculé. La descente fut infernale. La pression s'était évanouie au milieu des nuages et la fatigue m'avait agressé. Mes yeux se fermaient, j'avais beau résister, je dormais debout. Pratiquement pas fermé l'œil depuis trois jours. Des journées entières à grimper. Au bout du rouleau. Nada dans le tank. Tu imagines crever comme un chien maintenant alors que tu viens d'atteindre ton but ? Deux mois à souffrir et ne pas pouvoir partager ce bonheur avec les tiens. Belle injustice. N'est-ce pas représentatif de ce qu'est la vie aujourd'hui ? Chasse gardée des aigles. Pas des humains. D'un coup, le vent s'est mis à souffler très fort. La visibilité a baissé d'un cran. Franck était couché sur le sol, son sherpa tentait de le convaincre de reprendre la route. Je me suis approché de mon ami pour lui apporter du courage. À mon tour, je me suis écroulé. Dans un état de délabrement très avancé. La descente n'en finissait plus. La glace était dure. Fallait continuer. Je me suis laissé glisser sur la pente. Sur le derrière. Pas très orthodoxe comme manière de faire. Je recevais des gifles en pleine tête. Nullement affecté. Mon pied droit était douloureux, une plaie s'était formée sur ma cheville. Et pourtant, j'étais le plus heureux des hommes.

La mémoire de l'alpinisme m'est revenue. Enfin. Nulle amnésie. Plutôt un mensonge. J'avais bien grimpé les murs d'escalade au pied de ma cité, mais jamais de montagne. Je n'avais jamais enfilé de chaussures cloutées, jamais essayé un mousqueton, jamais mis le nez dans le tas de cordes dont les grimpeurs se saucissonnent avant de commencer une ascension. Jamais eu l'occasion d'affronter le blizzard glacial d'un massif. Tocard. Définitivement. Oui, mais un tocard sur le Toit du Monde. J'ai pipeauté mon CV alors que je risquais ma vie. J'ai dit que j'avais gravi le mont Blanc, le Kilimandjaro, j'aurais pu ajouter l'Annapurna ou la Lune, ça n'aurait pas coûté plus cher. Je reconnais que mon choix a été irresponsable : j'ai mis en danger le reste du groupe. Vous allez me dire que j'aurais dû jouer le jeu de la vérité, mais si j'avais agi de la sorte, je ne serais jamais parti. Je me suis construit comme ça. Si je ne triche pas, si je ne transgresse pas, je n'aurai le droit que de crever dans ma cité. Notre destin est balisé, les portes sont cadenassées. L'élite se reproduit : elle ne se mélange pas. Les vrais communautaires, ce sont « eux ». « Nous », on ne demande qu'à faire partie de leur cercle privé. En vérité, une partie de mon mal-être vient de là : depuis mon enfance, on me renvoie à la gueule que je suis un imposteur, un tocard. Pas assez français. Pas vraiment français. Je ne changerai pas mon faciès pour autant, ni ne mentirai sur mon lieu de résidence : banlieusard et fier de l'être. Je ne lâcherai jamais rien.

En début d'après-midi, cinq heures après avoir quitté le sommet de l'Everest, j'ai atteint le camp 4. J'ai dormi immédiatement. Franck n'avait pas encore retrouvé ses esprits. Toujours ailleurs. Techniquement, la descente était beaucoup plus difficile que la montée. À bout de forces, nous avons continué. Comment ? Va savoir. Un miracle. J'ai failli plusieurs fois me retrouver la tête la première dans un ravin. La chance était avec moi. Le lendemain matin, vers 7 heures, nous avons quitté le camp 4. Je ne tenais plus debout. Tout le long de cette descente qui a duré près de 10 heures, le sherpa m'a frappé avec une générosité digne des Restos du Cœur. J'ai souffert. Pire que la montée. Je devais redescendre en rappel, contourner des passages bardés de rochers. Mes crampons rayaient les pierres. Une nouvelle fois mon cul servait de luge. Avec de la patience, du courage et parce que je n'avais pas d'autre choix, le camp 2 a finalement pointé son nez. Franck était arrivé quelques minutes plus tôt. Nous nous sommes galochés. Avec l'altitude qui déclinait, l'ivresse des cimes avait baissé d'un cran pour enfin déguerpir. Franck n'était plus un poivrot de la montagne. On chialait de bonheur et de nervosité. La plus haute montagne du monde ne nous avait pas tués. J'ai regardé le sherpa, la tête de con, et je lui ai serré la main. Peut-être m'avait-il sauvé la vie, sans doute ses insultes et ses coups m'avaient-ils empêché de dormir et de perdre la boule ? Lui seul le savait. Nous sommes entrés dans la tente. Nos chaussures et nos combinaisons étaient imbibées de sueur. Franck s'est allongé et a sorti son téléphone satellite. Une voix féminine a répondu. Sa nana. L'Anglais, la voix émue et fébrile, pleurait. Franck avait déjoué le jamais deux sans trois. Il m'a tendu l'appareil, appelle qui tu veux. Ma mère a décroché. Un bout de temps qu'on ne s'était pas parlé elle était soulagée. J'ai attendu de reprendre mon souffle pour lui annoncer que je rentrais bientôt, que mon voyage touchait à sa fin. Cette nouvelle l'a rassurée. J'avais gravi l'Everest. J'avais atteint le Toit du Monde, elle était sans doute assise sur le balcon en haut de sa tour, dominant la cité. J'ai ouvert la bouche pour lui dire ce que je venais d'accomplir, mon plus gros défi. Je voulais qu'elle soit fière de moi et qu'elle comprenne que ce sommet était pour elle et pour papa. Je n'ai pas pu. La peur et la pudeur. Je ne pouvais pas partager mon plus grand bonheur avec elle. Je versais des larmes mais je faisais tout pour qu'elle ne l'entende pas, je l'avais déjà assez inquiétée. C'était dommage qu'on ne lui ait pas donné la chance de s'instruire, ma mère, un talent gâché. Je vous jure que si elle avait pu étudier, elle serait devenue ingénieur. Ou médecin : elle aime tellement les gens. J'étais triste. Et puis, j'ai souri parce que tout de même cette maman-là, analphabète, elle m'avait tant donné. Son amour, sa force. Une volonté de revanche dépourvue de haine. L'état d'esprit qu'il faut avoir quand tu grimpes l'Everest. Une montagne, c'est comme une mère, on lui doit un total respect.

REMERCIEMENTS

Un grand merci à Peggy Derder, Arnaud Gonzague, Karina Hocine et Claire Silve pour leurs conseils, ainsi qu'à Rodolphe Pedro et Patrick Zen de la compagnie CFCI, le seul sponsor qui ait cru en moi.

Cet ouvrage a été composé
par Facompo

Achevé d'imprimer en janvier 2017
sur les presses numériques de l'Imprimerie Maury S.A.S.
Z.I. des Ondes – 12100 Millau
pour le compte des Éditions Lattès

N° d'édition : 09 – N° d'impression : L16/55514U
Dépôt légal : janvier 2017

Imprimé en France